AF501709

COURS COMPLET
D'HARMONIE
ET DE COMPOSITION,

D'après une théorie nouvelle et générale de la Musique, basée sur des principes incontestables, puisés dans la nature, d'accord avec tous les bons ouvrages-pratiques anciens et modernes, et mis, par leur clarté, à la portée de tout le monde.

PAR JÉRÔME-JOSEPH DE MOMIGNY.

« Il n'est de licences dans les beaux-arts, que parce que « des demi-savans présomptueux se sont trop hâtés de « poser les colonnes d'Hercule. »

DE MOMIGNY,
Discours préliminaire de cet ouvrage.

A PARIS,

Chez
DE MOMIGNY, au grand magasin de Musique et d'Instrumens, boulevart et en face de la rue Montmartre, n°. 31;
BAILLEUL, imprimeur-libraire, rue Grange-Batelière, n°. 3.

AN XI. (1803.)

AVERTISSEMENT.

J'AVAIS fait annoncer, dans le *Journal des Débats*, que les exemples de cet Ouvrage seraient tous insérés dans le texte, parce qu'alors je comptais le faire graver en entier. Ayant jugé depuis qu'il serait plus agréable étant imprimé, je me suis décidé à mettre tous les exemples dans un seul volume de planches; et cet ouvrage, qui ne devait être composé que d'un seul volume grand *in*-8°., en contiendra trois, savoir: deux de texte et un de planches. Cette augmentation ne change rien au prix de la souscription, qui est de 24 francs, payable par quart, en souscrivant. Il paraîtra en douze parties plus ou moins volumineuses; une chaque mois, à dater du courant de messidor. Pour satisfaire l'impatience d'un certain nombre de mes souscripteurs, j'accélérerai, si je puis, l'édition de cet ouvrage.

PRÉFACE.

AINSI qu'on en use depuis plus de cinquante ans, ce n'est point le systême de *Rameau*, ni les principes de *Fux* retouchés, éclaircis ou mutilés, que je viens offrir au public, mais une *théorie neuve* établie sur la vraie interprétation de la nature, sur l'analyse réfléchie des bons ouvrages pratiques, et où je n'admets pour principe que ce qui est directement fourni par la résonnance du corps sonore, *bien entendue*, et ce qui est en même-tems sanctionné par l'oreille, appuyé sur la raison et l'autorité des plus grands maîtres. Ce n'est ni en aveugle ni en idolâtre que je considère ces derniers, mais en homme éclairé qui, en admirant ce que leurs chef-d'œuvres ont de solide et d'enchanteur, ne ferme pas pour cela les yeux sur les fautes qui s'y sont glissées, soit par précitation, soit par esprit de systême. Mais en faisant remarquer les espèces de taches qui se trouvent dans ces soleils radieux, je ne rabats rien du respect qu'ils m'inspirent, et je suis très-éloigné du sot orgueil de me placer au-dessus d'eux ou à leur niveau; j'ai seulement le dessein de prouver qu'il est impossible de s'écarter des principes que j'établis, d'après mes découvertes, sans s'éloigner, d'autant, de la route du vrai ou du beau. Pour ne blesser personne, j'évite même de chercher ces écarts dans les auteurs vivans, persuadé qu'un reproche indirect leur sera plus profitable qu'une critique faite sur leurs propres ouvrages. D'ailleurs, je n'ai nullement ici les hommes en vue, mais l'art tout entier. Je ne me contente pas de dire: *Ne faites jamais deux quintes justes de suite par degrés conjoints*, ou autre chose semblable, parce que cela déplaît à l'oreille, mais je rends raison pourquoi cela lui déplaît. Le motif est toujours à côté de la règle, et toutes les règles sont les conséquences naturelles d'un seul et unique principe.

Para du Phanjas dit, en parlant des divers systêmes du monde: « Il est plus » que vraisemblable qu'un *Systéme* » *du Monde*, qui s'accorde en tout et » par-tout avec les phénomènes cé» lestes, qui renferme dans sa théorie » toutes les évolutions des astres, dans » toutes leurs généralités et dans » toutes leurs particularités, qui câdre

» à-la-fois et avec les principes phy-
» siques, et avec les observations as-
» tronomiques, est le vrai systême ou
» le vrai arrangement de la nature. »
Ce qu'il dit à l'égard du systême de *Copernic*, qu'il a ici en vue, j'ose le dire à l'égard du mien sur la Musique: il n'y a que les noms à changer. Je ne me dissimule pas que ceci, qui sera mis en preuve, peut paraître au moins présomptueux et hazardé à ceux qui oublient que tout, dans la nature, étant sorti d'une seule main créatrice, à laquelle un astre n'a pas plus coûté à produire que le plus petit moucheron, tout doit s'y toucher et y être plein d'analogies.

Mais me pardonera-t-on de divulguer le secret que j'ai surpris à la nature? Quand je relis ce que *J. J. Rousseau* écrivait à l'abbé *Raynal*,

au sujet du mode mixte de M. de *Blainville* (1), j'avoue que je ne suis guère rassuré. Voici ce qu'il dit : « Dès qu'on ne pourra plus lui re-
» procher de n'avoir pas trouvé ce
» qu'il nous propose, on lui repro-
» chera de l'avoir trouvé. On convien-
» dra que sa découverte est bonne,
» s'il veut avouer qu'elle n'est pas de
» lui ; s'il prouve qu'elle est de lui,
» on lui soutiendra qu'elle est mau-
» vaise, et ce ne sera pas le premier
» contre lequel on aura raisonné de
» la sorte. »

Telle est, en effet, la marche qu'on a assez généralement tenue à l'égard de ceux qui ont tenté d'ouvrir des routes nouvelles. Faut-il, pour cela,

---

(1) Ce mode mixte est une erreur ; et quand mon systême sera suffisamment connu, on n'en proposera plus de semblables, du moins je le crois.

se rendre à l'avis de *Fontenelle*, qui disait : « Si je tenais toutes les vérités » renfermées dans ma main, je me gar» derais bien de l'ouvrir pour en mon» trer une seule aux hommes. » Quoi ! parce qu'il y a des envieux, faut-il, pour cela, renoncer au plaisir d'être utile à ceux qui ne desirent que de s'instruire ? Mais ces envieux eux-mêmes font, en secret, leur profit des vérités que renferme un livre qu'ils se plaisent à déchirer. Méprisons-les donc, et demandons au public impartial sa bienveillance et sa protection.

DISCOURS PRÉLIMINAIRE.

PREMIERE PARTIE.

S'IL n'est ni dans la marche ni au pouvoir de l'esprit humain de créer, à-la-fois, un art tout entier, et si, à cet égard, comme à tout autre, il ne fait rien que peu à peu, le vrai moment pour établir ou, du moins, pour réformer la théorie d'un art quelconque, est celui où cet art est parvenu à son point de perfection. Commencer plutôt, c'est puiser, dans des modèles imparfaits ou incomplets, des règles incomplètes et imparfaites; car que sont les règles? Elles ne sont, proprement, que l'explication des moyens employés par le génie, qui, dans ses premiers pas, n'a de guide qu'un heureux instinct et une espèce de révélation secrète. Si ce n'est point d'après des règles qu'on fait les premiers ouvrages, mais d'après l'inspiration du sentiment et l'imitation de la belle nature, l'esprit d'observation et d'analyse ne doit donc pas trop se presser pour nous donner son travail; autrement il ne nous offrira que des traités obscurs, contradictoires et erronés, et sur-tout si un faux système leur sert de base. C'est de-là que nous est venu le mot si commun de *licence*, appliqué aux choses les plus naturelles et les plus régulières ; à ces choses qui n'attestent pas l'audace de celui qui les emploie, mais l'ignorance de ceux qui les prohibent. Disons le mot : il n'est de licences dans les beaux-arts que parce que des demi-savans présomptueux se sont trop hâtés de poser les colonnes d'Hercule.

Avant que nous ayons pu avoir une bonne carte générale de la terre, il n'a pas fallu seulement qu'on eût passé le détroit de Gibraltar, mais qu'on eût fait le tour du globe.

Cependant, pour créer les lois auxquelles un art est asservi, si l'on attend que le génie ait tout fait, ces lois alors ne deviendront-elles pas inutiles ? Non ; car si elles sont ce qu'elles doivent être, elles montreront, par ce qui est véritablement bien dans les divers ouvrages, ce qui se trouve de fautif dans chacun d'eux. D'ailleurs le génie n'a l'initiative que jusqu'à ce qu'on ait de bons modèles en tout genre : c'est aux règles à la prendre ensuite, tant pour guider l'artiste que pour empêcher l'art de rétrograder. Le code d'un art ne doit donc pas seulement renfermer le développement des principes sur lesquels il repose, mais encore, si je puis m'exprimer ainsi, le procès-verbal solemnel de la hauteur où cet art est parvenu.

Ce n'est que depuis fort peu de tems que la Musique est arrivée à son point de maturité, et que cette langue délicieuse est vraiment fixée. C'est pourquoi quelques gens d'esprit ont dit, et que beaucoup d'autres répétent que la Musique est un art soumis aux caprices de la mode. On cite, à l'appui de cette assertion, les opéras de *Lully*, dont on ne peut plus entendre la Musique, et dont les paroles ont cependant conservé toute la fraîcheur de la nouveauté. Ce n'est pas là une preuve que la Musique est éphémère, ni que la poésie lui est supérieure ; cela fait voir seulement que la langue et la poésie françaises avaient déja atteint un très-haut degré de perfection, et par conséquent de stabilité, lorsque la Musique sortait à peine de son berceau.

La cour de Louis XIV dut admirer la Musique de *Lully*, parce qu'elle ne connaissait rien de mieux. Un siècle auparavant, on admirait, en littérature, de plus minces essais encore ; ce qui prouve évidemment que nous ne jugeons que d'une manière relative et non d'une manière absolue, et sans qu'il en puisse être autrement ; car juger, pour nous qui sommes des êtres imparfaits, c'est affirmer quelque chose d'après une comparaison ; pour l'être parfait, pour l'être infini, ce ne doit être que voir, parce qu'il a en lui la mesure de tout ce qui existe. Veut-on savoir maintenant pourquoi la langue française est allée plus rapidement au but que la Musique ? On en découvrira peut-être les causes dans les ressources qui étaient plus multipliées pour les gens de lettres que pour les musiciens.

D'abord, on parlait beaucoup plus l'une de ces langues que l'autre : et pour les guider dans la composition de leurs ouvrages, les gens de lettres avaient les modèles grecs et latins, dont tout le monde reconnaît la supériorité ; pour polir et épurer leurs productions, des cercles brillans et choisis, où ils recevaient des encouragemens et trouvaient de bons juges ; pour se faire connaître au public, la chaire, le barreau et le théâtre. Les musiciens étaient presque réduits à ne travailler que pour l'orgue, et à faire des motets. Ces deux genres sont aussi les premiers qui aient été portés à un degré éminent ; mais on doit sentir que le goût, bien moins que le savoir, devait s'y faire remarquer, non-seulement parce que le théâtre sacré pour lequel le musicien travaillait, et la gravité des sujets qu'on y traite, demandent un style plus sévère que sensible, mais parce que, peu éclairé par la critique, peu stimulé par la concurrence, il cherchait moins à charmer le public, dont il ne dépendait pas, qu'à exciter l'étonnement et l'admiration de ses confrères, en lèur faisant entendre des ouvrages, dont le plus grand et presque le seul mérite était la difficulté vaincue. Ce faux genre, auquel on doit principalement attribuer le retard de la Musique, tenait à deux causes ; l'une générale, cette bisarrerie de l'esprit humain, qui, dans tout, semble d'abord chercher à vaincre ce qui est difficile, avant de marcher à la conquête de ce qui est naturel et beau; l'autre particulière, cette gêne de ne travailler presque jamais que sur le plain-chant, le faisant servir tantôt de basse, de parties intermédiaires ou de dessus. On peut bien imaginer qu'avec de telles entraves, la Musique devait plutôt ressembler à une partie d'échecs habilement conduite, qu'à la langue, par excellence, de l'ame et du cœur. Cependant, il faut convenir que si l'art tient de cette manière pédantesque ce qu'il a de trop recherché, il lui doit aussi une partie de ce qu'il a de plus solide et de plus étonnant.

D'après ce léger apperçu, on voit que la Musique était encore bien éloignée du vrai but. Je vais en suivre rapidement la marche, depuis le commencement du dix-septième siècle jusqu'à nos jours, en citant une partie des hommes et des ouvrages auxquels elle doit ses progrès et sa perfection.

Palestrina est au premier rang de ceux qui tentèrent, il y a deux siècles, de ramener l'art vers la nature, et à cette noble simplicité qui convient aux chants religieux. Il réussit tellement, dans ce dernier point surtout, que c'est à la considération du grand talent qu'il montra, que les papes conservèrent la Musique dans les églises, d'où ils voulaient la bannir, parce qu'elle était devenue triviale et même indécente. On vit *Nanino*, *Cifra*, *Zarlino* et *Monteverde* marcher à ses côtés ou le suivre.

Alexandre Scarlatti, *Carissimi* et *Stradella*, aux efforts de ceux-ci ajoutèrent de plus heureux efforts. Dirigeant encore plus ses travaux vers la perfection du Contre-point que vers celle du goût, *Durante* sembla vouloir mettre la dernière main, en Italie, à cet édifice d'un beau gothique auquel tant d'hommes habiles avaient travaillé avant lui. Mais il était réservé aux disciples et aux successeurs de ce compositeur célèbre, de commencer à parcourir le domaine fleuri du sentiment. Tandis que l'Italie était justement fière de son *Durante*, l'Allemagne s'enorgueillissait de posséder

Sébastien Bach, dont les ouvrages immortels seront à jamais sous les yeux de ceux qui voudront faire une étude approfondie de l'art.

Soit qu'on désespérât d'égaler ces grands modèles dans le Contre-point, soit qu'on sentît davantage que la Musique devait être faite de manière à plaire, non aux artistes seulement, mais à toutes les ames sensibles et bien organisées, on essaya de n'accorder presque plus au calcul du Contre-point que la portion de l'art qu'il a le droit de réclamer; et, grace aux théâtres, grace au tact fin et délicat du sexe le plus aimable dont on va consulter le goût, ici va commencer enfin, à l'égard de la langue d'*Orphée*, une révolution semblable à celle que le beau siècle de Louis-le-Grand a opérée dans les lettres.

Parmi les premiers compositeurs qui cherchèrent dans leur sensibilité ces expressions naturelles, vives et touchantes qui distinguent si avantageusement la Musique sentie de la Musique simplement calculée, l'immortel *Pergolèse*, *Jomelli*, *Terra-Dellas* et *Tractta*, sont à peu près les plus marquans, et c'est par leurs aimables et délicieux ouvrages que l'Italie se vit tirée de la route purement scholastique où, depuis plusieurs siècles, elle cheminait péniblement, mais avec gloire.

La France, qui, à plusieurs égards, triomphe

d'elle aujourd'hui, la copiait alors de loin. L'Angleterre, riche, non de son propre fonds, mais du génie admirable et fécond de *Handel*, né en Saxe, se montrait, pour la fugue, la rivale de l'Allemagne, et menaçait de la surpasser. C'est pendant que cet homme prodigieux charmait par ses savans ouvrages, les nymphes un peu sauvages de la Tamise, que *Rameau* faisait entendre, à Paris, ses premiers opéras. Assez savant pour que la France n'eût point à rougir en le nommant son premier musicien, mais trop imprégné de cette Musique qui ne dit rien à l'ame, et sur-tout du mauvais goût de chant qui régnait alors exclusivement dans nos contrées, *Rameau* ne put garder long-tems le sceptre de l'empire lyrique que les Parisiens lui avaient confié. Au grand scandale d'une partie de la nation, et aux applaudissemens de l'autre, *Gluck*, plus vigoureux et plus sensible, vint le lui ravir. Ce n'est pas qu'au fond il fût plus musicien que *Rameau*, mais il le fut d'une meilleure manière; et s'il dut à son séjour en Italie quelque chose de ses airs expressifs, qui, dans ses opéras, reposent si doucement des grandes scènes, il ne dut qu'à lui-même ce qu'ils ont de plus pompeux et de plus théâtral. Pendant que ce grand-homme, avec la majesté et la sévérité de *Corneille*, renversait, par ses accens énergiques, tout l'échafaudage de l'ancien opéra français, *Piccini*, avec des chants quelquefois comparables aux beaux vers de *Racine*, obtenait des cœurs attendris et charmés, la promesse de renoncer pour jamais aux insipides lamentations et aux fades ornemens qui défiguraient entièrement la Musique. C'est à ce titre qu'il partagea avec *Gluck* une couronne que deux cabales ennemies voulaient donner exclusivement à l'un des deux. Cette couronne, si disputée, devait être encore la récompense d'un tiers. En effet, *Sacchini*, après avoir fait entendre la mélodie la plus suave que l'on puisse produire, s'assit de droit entre ses deux nobles rivaux, mais plus près de *Piccini* que de *Gluck*. Cependant on sait que son *Œdipe à Colonne* est également éloigné de l'âpreté tudesque et de l'afféterie italienne. On dirait que *Sacchini* ait voulu se résumer tout entier dans ce bel ouvrage, le plus parfait de tous les siens.

Pendant que le grand Opéra florissait, ainsi, soutenu par cet harmonieux triumvirat, l'Opéra-Comique, qu'on nommait alors la *Comédie-Italienne*, rayonnait du génie et de l'esprit de *Grétry*, qui l'emportait sur *Philidor* pour la grace et la fraîcheur, et sur *Monsigny* pour le pétillant, la vérité dramatique, et sur-tout pour la maniere de prosodier. On peut dire que toutes les fois que ce compositeur célèbre a été servi par les paroles, il a montré que la Musique a aussi son *Molière.*

Appauvrie par l'émigration de *Sacchini* et de *Piccini*, l'Italie soutenait encore sa grande réputation au moyen de *Paësiello*, si fécond et si aimable. Il était secondé par *Guglielmi*, *Sarti* et quelques autres; mais le renfort le plus puissant qu'il eut, trop peu de tems, hélas! c'est *Cimarosa*, si brillant, si plein de fraîcheur et si regrettable à-la-fois.

Tandis que les théâtres de Paris, de Rome et de Naples captivaient l'attention des nationaux et des étrangers, l'Allemagne offrait dans *Haydn* et *Mozart* deux phénomènes presque également étonnans. Le jeune *Mozart*, à l'âge de sept ans, s'était déja fait une réputation dans l'Europe; mais au moment dont je parle, il travaillait, en homme, à sa double immortalité, comme auteur de musique dramatique et de musique de concert. En comptant les ouvrages de ce génie si prodigieux, on croirait qu'il a vécu un siècle, et cependant il n'a point achevé son huitième lustre!

Joseph Haydn n'a pris qu'une seule fois le chemin de la gloire, mais pour ne le point quitter. Depuis trente ans qu'il y marche, comme sur un terrain à lui, il semble, au grand étonnement de l'univers, qui l'admire, vouloir triompher chaque jour de ses propres travaux, ne pouvant être surpassé par aucun autre. En contemplant les nombreux et magnifiques ouvrages de ces deux grands-hommes, on croit voir en eux les riches héritiers de tout ce que les anciens avaient de bon et de solide, et les vrais propriétaires de ce que les modernes montrent de goût, de charme et de perfection en tout genre. Semblables à deux fleuves immenses, ils semblent absorber, dans leur cours majestueux et très-prolongé, les eaux d'un million de ruisseaux, et réfléchir les scènes variées et pittoresques qui s'offrent sur leur sbords rians et fleuris.

Boccherini, qu'un homme d'esprit a appelé la femme d'*Haydn*, a puissamment contribué à inspirer le goût de la bonne Musique, en nous donnant la sienne, si piquante et si originale. Qui ne connaît point ses quintetti et ses quatuors si jolis, qui sentent la rose et le chèvre-feuille !

Parmi les plus aimables compositeurs qui travaillent pour le piano, l'une des parties de la Musique les plus difficiles à traiter d'une manière respectable, on distingue particulièrement *Steibelt*, plein d'effet et de charme, et *Dussek*, plus savant, mais moins agréable. Celui qui l'emporte sur tous pour la profondeur et la pureté du style, c'est le célèbre *Cle-*

menti, le pianiste par excellence, et l'un des plus grands-hommes du siècle, en Musique. Il sait allier dans ses ouvrages la plus grande solidité à la plus grande élégance, et leur imprimer, à tous, un caractère distinctif. Il fera sans doute connaître, un jour, ses symphonies, qui doivent lui valoir une nouvelle couronne et une nouvelle célébrité. A en juger par ses derniers œuvres, on ne doit plus attendre de lui que des modèles.

A l'aspect de l'immense collection de chef-d'œuvres en tout genre, produits par ces hommes immortels, peut-on, de bonne-foi, douter encore que la Musique n'ait acquis ce caractère prononcé de vérité, d'énergie et de charme qui fixe d'une manière irrévocable une langue quelconque, et une langue naturelle sur-tout? En est-il une plus abondante en locutions nobles, harmonieuses et touchantes? Les périodes d'*Haydn*, si éloquentes et si nombreuses, le cèdent-elles en rien, dans leur idiôme, à celles de *Bossuet* et des autres grands orateurs? Osons le dire, tous les grands-hommes, dans l'art dramatique et dans l'art oratoire, ont, dans la langue céleste des sons, leurs véritables pendans. S'il en était autrement, tout le cœur et l'esprit humain n'auraient pas passé sous la plume de nos compositeurs; la Musique ne serait pas encore arrivée à son degré de maturité, point qui ne peut plus être contesté que par des juges incompétens.

Il serait à souhaiter que les musiciens fussent aussi lettrés qu'ils le sont peu, leur art et eux-mêmes y gagneraient beaucoup. Ils sauraient le défendre contre les jugemens hazardés, et se faire respecter en le faisant chérir. Chacun saurait enfin que si quelques tournures de chant et quelques phrases paraissent asservies à la mode, il n'en est de cela que comme de ces manières de parler, ou de ces métaphores trop usées, que les gens du bon ton abandonnent au bas peuple.

Aucun des beaux et savans quatuors d'*Haydn*, aucune de ses superbes symphonies n'a vieilli depuis trente ans qu'on les répète. Les ouvrages de *Pleyel*, pleins de naturel et de grace, n'ont perdu de leur vogue que parce que, légers et agréables, et par-là même très-faciles à retenir, ils sont sus de tout le monde. Il faut convenir qu'on doit à ce charmant compositeur, d'être arrivé quinze ans plutôt aux quatuors d'*Haydn* et de *Mozart*, trop savans pour pouvoir être sentis et appréciés immédiatement après la musique plate et mesquine que la sienne a fait oublier.

Nous devons aussi aux symphonies de *Gossec*, de nous avoir acheminés à celles d'*Haydn*. Ces symphonies, les meilleures qu'on eût au moment où elles ont vu le jour, et qu'on entend encore avec plaisir, ne sont pas les seuls bons ouvrages de cet auteur respectable. Ce n'est pas non plus le seul homme qui donne de l'éclat et de la célébrité au Conservatoire de musique de France.

Plusieurs noms, soit étrangers, soit français, se présentent ici à-la-fois à ma mémoire, et ma plume les écrirait, à l'instant, si je n'écoutais que le besoin que j'éprouve de rendre ce juste hommage aux musiciens estimables qui les honorent par leur grand talent ; mais je dois peut-être ménager l'amour-propre de ceux qui, sans avoir les mêmes droits, pourraient avoir les mêmes prétentions. D'ailleurs, il n'entre nullement dans mon plan de nommer tous les grands-hommes en musique, mais seulement une partie de ceux qui ont écrit avant que cette langue ne fût fixée, et qui ont le plus puissamment contribué à sa perfection. En conséquence, je me bornerai à dire qu'il est dans le Conservatoire et hors le Conservatoire de Musique des compositeurs, déja justement célèbres, dont le public chérit les noms et les ouvrages ; qu'il est pareillement plusieurs instrumentistes et chanteurs très-distingués, à qui le goût est redevable de ses progrès, et qu'il doit beaucoup, sur-tout, à nos virtuoses sur le violon, à la tête desquels est *Viotti*, leur ami, leur maître ou leur modèle. Aller plus loin, ce serait empiéter sur les droits de la Renommée, dont l'un des plus doux soins sera, sans doute, de les inscrire tous au temple de mémoire.

Avant de terminer cette partie de mon discours, je ferai une dernière observation, c'est qu'il ne faut pas confondre la satiété qui naît des choses qu'on a trop entendues, avec le dédain ou le mépris qu'inspire un ouvrage faible ou mauvais. Ceux qui sont bons à tous égards, ne peuvent jamais vieillir, mais nous vieillissons pour eux à force de les lire ou de les entendre exécuter. Pour faire cesser cette espèce de saturation de l'esprit et du cœur, qu'on nomme satiété, il suffit de laisser agir le tems; lui seul peut nous rendre cette sensibilité qui s'émousse infailliblement, quand le même objet veut trop long-tems l'affecter. C'est-là ce qui fait que l'homme, plus inconstant encore que juge éclairé, demande moins du bon que du nouveau. Pour satisfaire ce penchant frivole, il suffit souvent de lui offrir la simple apparence de la nouveauté. Il n'est donc pas étonnant que l'on coure, quelquefois, aux plus minces rapsodies plutôt qu'à un ouvrage d'un mérite réel et reconnu, mais qui a épuisé notre curiosité. Le besoin de sensations nouvelles explique ce travers, et le rend excusable dans ce qui ne regarde que l'amusement de la société; mais ne serait-ce pas manquer de jugement, que d'en conclure qu'on préfère les bagatelles et les niaiseries aux chef-d'œuvres des grands-maîtres ?

En voyant accourir en foule à sa petite pièce, est-il un petit auteur assez vain et assez sot pour penser qu'il vaut mieux que *Racine* ou *Sacchini* qu'on délaisse ce jour-là? C'est ce que je ne puis croire.

Mais c'en est assez, je pense, pour justifier la Musique du reproche qu'elle est éphémère, et pour prouver enfin qu'elle est fixée dans la généralité de ses locutions, et qu'elle demeurera stable comme la prose et la poésie françaises elles-mêmes, jusqu'à ce qu'un nouveau bouleversement du globe, replongeant les nations dans l'ignorance et la barbarie, les force, malheureusement, ainsi, à recommencer l'ouvrage de la civilisation et des arts. Il ne me reste donc plus à dire à mes lecteurs, que l'idée que je me suis faite d'une théorie, et à leur exposer le plan de mon ouvrage: c'est ce qui forme le sujet de la seconde partie de ce discours.

SECONDE PARTIE.

Pour donner une théorie-pratique complette, c'est peu de connaître isolément les différentes parties d'un art; il faut avoir découvert, s'ils ne l'étaient déja, ces grands principes qui les lient toutes entr'elles, et qui s'adaptent aux premiers comme aux derniers élémens de cet art. C'est un arbre majestueux qu'il faut pouvoir envisager, tout entier, d'un seul coup-d'œil, et sur les racines, le tronc et les branches duquel il faut répandre cette clarté vivifiante, sans laquelle les rudimens des sciences ne sont que des espèces de tortures d'où l'esprit sort plus mutilé qu'éclairé.

C'est à celui qui prend la plume, non à tourmenter ses lecteurs, mais à se mettre lui-même à la question pour s'arracher la vérité qu'il leur promet et leur doit. Ce n'est qu'à ce prix qu'on acquiert véritablement le droit d'écrire sur les arts.

Toute effrayante que cette tâche m'ait paru, pour mes forces, elle n'a pu abattre mon courage, soutenu par le desir d'alléger le fardeau qui pèse sur ceux qui entreprennent l'étude de la composition, et qui demandent tous un flambeau lumineux, à l'aide duquel ils puissent parcourir ce labyrinthe obscur.---Nous avons sans doute des ouvrages estimables et précieux sur cette matière, à commencer par les *Institutions harmoniques* de Zarlin, le *Gradus ad Parnassum* de Fux, le *Traité de la Fugue* de Marpourg, les ouvrages théoriques de Rameau et de ses continuateurs, tels que d'*Alembert*, *Béthizy*, l'abbé *Roussier* et ensuite MM. *Langlé*, *Rodolphe*, *Catel* et beaucoup d'autres, soit anciens, soit modernes (1). Mais malgré le mérite de ces ouvrages et les documens profonds que quelques-uns d'entr'eux renferment sur le Contre-point, s'ils étaient rassemblés en un seul, formeraient-ils un traité complet d'harmonie et de composition? Non; les réunir, ce serait, avec beaucoup de peine et de fatigues, construire une nouvelle tour de Babel, où chacun parlant un langage différent, personne ne s'entendrait. Ces ouvrages sont la plupart sans base, ou n'en ont que de fausses. Ceux même qui paraissent établis sur la résonnance du corps sonore, n'y reposent pas réellement; c'est pour tous un principe stérile. On sait que Rameau est le premier qui en ait publié la découverte; mais il ne voulut voir dans ce phénomène que l'accord parfait de la Tonique, et c'est ainsi

---

(1) *La Poétique* de M. de Lacépède et *les Essais* de M. de Grétry sont pleins de choses bien pensées et bien exprimées; mais n'étant pas précisement des ouvrages didactiques, et les bornes de ce discours ne me permettant pas d'en faire l'analyse, j'y renvoie le lecteur.

qu'il a bâti, sur un terrain mouvant, le systême très-ingénieux, mais erroné, de la base fondamentale.

Ce systême a pourtant prévalu, malgré qu'il ait été victorieusement attaqué. C'est-à-dire, qu'on y a cru sans trop l'expliquer ni le comprendre, parce qu'il avait l'avantage de simplifier la nomenclature des accords, seule chose à laquelle il a servi efficacement. L'abbé *Jamard* a fourni contre ce systême les preuves les plus convaincantes; mais comme les musiciens ne lisent pas, que les philosophes ne savent guère la Musique, et que cet abbé s'est fourvoyé lui-même à plusieurs égards, ces preuves sont restées comme non-avenues. *J. J. Rousseau*, un peu pour ravaler *Rameau*, mais aussi parce qu'il sentait réellement la faiblesse des bases de ce systême, fait bien connaître qu'il ne le regardait pas comme démontré, quoique son Dictionnaire de Musique repose généralement sur ce prétendu principe. L'abbé *Feytou*, d'après *Jamard* lui-même, mais en prenant un peu à gauche de ce dernier, a envisagé aussi, en grand, ce phénomène de la résonnance du corps sonore; cependant ce n'a encore été pour lui qu'un météore trompeur, qui l'a éclairé, un moment, pour l'égarer à jamais.

Ce vrai type du systême musical, depuis

si long-tems découvert, mais toujours mal entendu à certains égards, et toujours inutile, va cesser, enfin, d'être un hors-d'œuvre et un sujet d'incertitude et de confusion : c'est ce qu'on pourra entrevoir, bientôt, dans l'exposition du plan de cet ouvrage.

Il est sans doute très-fâcheux, et pour l'art, et pour ceux qui l'étudient, qu'un *Durante*, un *Bach*, un *Handel*, un *Haydn* ou un *Mozart* ne se soient pas donné la peine d'analyser suffisamment leurs ouvrages, heureux fruits d'un beau génie et d'un acquis immense, pour former, d'après cette analyse, un traité clair et méthodique. Leurs œuvres et leurs noms eussent fermé la bouche à la basse jalousie et à l'aveugle routine. Cependant, comme on n'aime pas à avoir près de soi l'homme qui nous instruit, et que, pour se faire pardonner un semblable tort par la vanité humaine, il faut habiter loin de ceux qu'on éclaire; malgré leur talent imminent, il est donc presque certain que ces grands-hommes eux-mêmes eussent trouvé dans leur pays des contradicteurs et des gens qui se fussent acharnés à déchirer les pages de leurs livres, après avoir essayé, en vain, de les plonger dans le fleuve de l'oubli. Mais, au moins, les pays éloignés eussent profité, avec reconnaissance, des bonnes leçons de ces maîtres si habiles, en attendant que leur mort eût permis à leurs ingrats compatriotes de leur rendre, enfin, une tardive justice. S'il est important de tenir à un corps ou à un parti puissant pour faire réussir un ouvrage, on n'ignore pas que le moyen le plus infaillible, est d'attendre, à le faire publier, qu'on ait bu l'onde amère, sinon il faut se préparer à être abreuvé de fiel, même par ceux qui ne vous lisent ni ne vous entendent. Cela n'est pas très-encourageant à penser, à la vérité; mais ce qui doit consoler un peu, c'est qu'il est, dans chaque contrée, des gens studieux, paisibles et honnêtes qui recherchent et accueillent les vérités utiles par-tout où ils les trouvent.

S'il est vrai que par ce moyen on n'arrive que très-lentement à la gloire, du moins celle qu'on acquiert ainsi est pure, et n'expose jamais à rougir.

PLAN DE CET OUVRAGE.

Après avoir fait connaître que la Musique est une langue, non de convention, non locale, comme le grec, le latin, le français et autres, mais une langue naturelle et de tous les pays, je me demande si les sons qui composent son système ont pu être, arbitrairement, choisis par l'homme. Je me convaincs facilement que non, car s'il en eût été ainsi, ce systême eût différé selon les tems ou les peuples. Il a toujours été le même, donc il nous vient de la nature; mais celle-ci a pu nous guider sûrement par nos organes, c'est-à-dire, par l'oreille et la voix, ou en nous donnant, en elle-même, un type du systême musical: lequel de ces deux moyens la nature a-t-elle pris? Tous deux. Les anciens, cependant, paraissent n'avoir connu que le premier.

C'est du second moyen, c'est de la grande résonnance du corps sonore, bien interprétée, que je fais sortir toute l'harmonie et la mélodie, en un mot, toute la Musique; en commençant par la vraie gamme, qui n'et pas la gamme vulgaire. Je passe de-là aux consonnances, toutes mal connues et mal nommées, aux dissonnances et à tous les ensembles de notes appelés *accords;* mais ne voyant encore dans tout cela que des matériaux, des mots isolés qui attendent qu'on les unisse pour former des propositions, des phrases ou des périodes, c'est alors que je découvre, par rapport à la Musique, cette grande et éclatante vérité, exposée avec autant de profondeur que de clarté, à l'égard des langues proprement dites, par le célèbre instituteur des sourds-muets, M. l'abbé *Sicard*, l'un des plus grands métaphysiciens qui existent; savoir: qu'une période, quelque longue, quelque compliquée qu'elle soit, ne présente jamais, en résultat, à l'analyse, qu'une aggrégation de propositions. Je démontre ensuite, que la proposition, en Musique, n'est composée que de deux membres; j'en donne la raison métaphysique, et c'est encore là une de mes découvertes; elle se réduit, comme dans toutes les langues, à la simple idée, par la décomposition. Je fais voir, enfin, que toute la Musique qui sort d'une seule et unique source, n'est soumise qu'à deux lois, l'Unité et la Variété. Ces deux mots assurément ne sont pas neufs, et l'on répète depuis long-tems qu'il faut de l'unité et de la variété dans les arts; mais qu'on y prenne garde, il y a loin et très-loin d'une assertion vague ou d'un léger apperçu, à une démonstration rigoureuse et à l'application universelle d'un principe. Je réfute ensuite, soit en passant, soit en m'y arrêtant davantage, les systêmes qui méritent quelqu'attention, et je fais voir clairement que tous sont plus ou moins éloignés de la vérité, ce qu'il est aisé d'appercevoir, à en juger seulement d'après leur obscurité.

On le sait: *la complication est le sceau de l'erreur.* Ce qui est vrai est simple et naturel; et le caractère d'un véritable principe, c'est d'être aussi clair qu'étendu. Les principes reconnus pour tels, dans la géométrie et la physique, portent tous cette empreinte. Les autres ne sont que des hypothèses plus ou moins hasardées.

Ce n'est donc point ici un amas indigeste de tout ce qui a été dit et redit cent fois sur l'Harmonie et la Composition, c'est une théorie neuve, toujours d'accord avec ce qui est bien dans la pratique, et qui embrasse tout, depuis la grammaire jusqu'à la poétique de la Musique, et présente la science entière comme un édifice somptueux, dont toutes les parties se soutiennent entr'elles, et sont toutes également éclairées.

Enfin, pour donner à cet ouvrage tout le degré d'utilité dont il est susceptible, j'y joindrai une table alphabétique et raisonnée des matières, ce qui formera un vrai Dictionnaire de Musique. Je ferai entrer dans cette table tout ce qui serait déplacé dans le texte, ou qui le surchargerait. Tel sera ce Cours complet d'Harmonie et de Composition, où l'on ne trouvera rien qui sente l'esprit de parti ou de système, rien que d'impartial, et qui n'ait, pour but réel, la perfection de l'art et l'utilité de ceux qui en font leur étude ou leur amusement.

COURS COMPLET
D'HARMONIE
ET DE COMPOSITION.

CHAPITRE PREMIER.

Ce que c'est que la Musique. Elle est une langue naturelle. Ce qui la distingue des langages des divers peuples, et, par occasion, de l'acquis que l'on doit avoir pour être juge dans un art.

LA Musique est l'art d'émouvoir, avec des sons, l'esprit et le cœur. C'est en exprimant les idées, les passions et les sentimens, qu'elle parvient à ce but. Ce moyen et ce but sont, précisément aussi, le but et le moyen de toutes les langues ; donc la Musique est une langue, non comme l'hébreu, le latin, le français, et autres de la même espèce, qui sont toutes locales et de convention, mais une langue naturelle et de tous les pays, comme la peinture.

Ce qui distingue les langues naturelles des langues inventées par l'homme, c'est que, dans les premières, tous les matériaux et le système qui les lie sont fournis par la nature. Dans les secondes, c'est l'homme lui-même qui crée les mots et en règle en maître, souvent conséquent, mais par fois capricieux, la valeur ou la signification. Dans ce que celles-ci ont de purement physique, il n'y a que les voix ou voyelles qui sojent directement fournies par la nature, (j'entends les voyelles prononcées et non écrites) et c'est-là aussi tout ce qu'elles renferment, nécessairement, de Musique.

Les consonnes sont donc inventées par l'homme, et ne sont qu'une articulation ajoutée ou ajoutable à chaque voyelle. Les enfans qui ne parlent point encore forment naturellement les voyelles. Les sourds-muets, eux-mêmes, les forment, aussi, sans les avoir jamais entendues de la bouche de personne, pas même de la leur. Ces sourds-muets, qui ne sont tous muets que parce qu'ils sont nés sourds, n'apprennent à articuler, c'est-à-dire, à joindre la consonne à la voyelle, qu'avec beaucoup de peine; et ce n'est qu'à force d'art et de patience qu'on vient à bout de leur en faire comprendre et exécuter le mécanisme (1). Les

(1) C'est ce qui ne s'est même fait, jusqu'à présent, qu'à l'égard de quelques-uns. C'est en montrant à leurs yeux ce qui se passe dans la bouche, et en pressant leurs bras plus ou moins fort, selon l'intensité qu'on veut qu'ils donnent à l'articulation, qu'on leur apprend, enfin, à parler. Faire parler les muets n'est donc plus un miracle : ce n'est plus qu'un art. Les bonnes gens croient que c'est-là ce qu'il y a de plus étonnant dans cette institution; mais ceux qui sont capables de l'apprécier, savent que le prodige consiste dans la savante méthode, entièrement métaphysique, par laquelle on parvient à leur tout apprendre. C'est le degré de perfection où l'a portée M. l'abbé Sicard, qui doit faire passer aux siècles les plus reculés le nom et la gloire de ce grand-homme, et perpétuer, au profit de l'humanité, ce bienfait précieux, primitivement dû au zèle charitable et aux lumières de M. l'abbé de l'Épée.

enfans qui ne sont pas sourds y parviennent beaucoup plus vîte et avec moins d'efforts, parce qu'ils sont puissamment aidés par leur oreille, qui les leur fait entendre de la bouche des autres, et les avertit quand ils se trompent en les prononçant eux-mêmes.

Il n'y a de purement artificiel, de conventionnel dans la Musique, que les noms, les figures des notes et les autres signes qui parlent aux yeux. Ces choses étant primitivement arbitraires, ont changé depuis la naissance de la Musique et pourraient varier encore ; mais le reste est immuable et ne peut absolument différer que dans son degré d'étendue et de perfection, parce que la nature ne varie point, et que l'oreille de l'homme est constamment et par-tout organisée de la même manière.

Les langues, proprement dites, qui sont toutes si dissemblables, à n'en juger que par les mots, ont cependant un certain nombre de choses fondamentales qui leur sont essentiellement communes. L'analyse de leurs périodes n'offre, dans toutes, qu'une aggrégation, plus ou moins bien cimentée, de propositions grammaticales ; et ces propositions grammaticales ne présentent elles-mêmes, dans leur décomposition, que des idées simples, c'est-à-dire, des mots qui tiennent lieu de l'image des objets qu'ils retracent à l'esprit. Toutes ont des noms, des adjectifs, des verbes, etc. ; et il n'en est ainsi que parce que l'idiot et l'homme d'esprit lient fondamentalement leurs idées, *attachent leurs images* de la même manière : le second ne l'emporte sur l'autre que parce qu'il a la faculté de les lier avec plus de facilité et en plus grand nombre. Sans cette façon identique de concevoir, aucune langue n'eût pu s'établir; car on n'eût point eu de moyen de communiquer, non-seulement de nation à nation, mais d'homme à homme.

Les langues ne diffèrent pas entr'elles dans leurs fonctions, mais dans les moyens de les remplir, qui dépendent du genre auquel elles appartiennent. Elles s'adressent généralement à l'œil ou à l'oreille; donc la vue et l'ouïe sont les deux principaux intermédiaires entre les langues et l'esprit.

Dans les langues de convention, dans les langages des peuples divers, les sens qui les transmettent à l'esprit, jouissent beaucoup moins que dans la transmission de la Musique ou de la peinture. Pourquoi cela? Parce que tout ce qui est de convention est nul pour l'oreille ou les yeux, et pour tous les sens quelconques.

Ce qui est de convention est nul pour les sens, parce qu'on ne peut faire de convention avec les sens, puisqu'une convention suppose à-la-fois intelligence et volonté. Or, il n'y a dans les sens ni intelligence, ni volonté; il n'y a que plus ou moins de sensibilité physique, selon leur finesse et leur exercice: on ne peut donc faire aucune convention avec eux. Eclaircissons encore ce raisonnement par des exemples.

Quand l'œil transmet à l'esprit le mot *arbre*, l'œil ne voit point d'arbre dans ce mot, c'est l'esprit qui y voit un arbre, parce qu'il est convenu que ce serait par ce mot qu'on lui rappellerait cette plante. L'œil ne voit là que des traits insignifians, et s'il jouit alors, ce n'est que de la beauté du papier et de la régularité des lettres, dont les formes peuvent être d'un dessin plus ou moins gracieux. C'est donc comme dessin que les langues écrites plaisent aux yeux, et c'est comme musique que les langues parlées plaisent à l'oreille. Un mot prononcé ne fait donc pas entendre à l'oreille ce qu'il dit à l'esprit; et l'ouïe ne jouit de ce mot qu'autant qu'il est articulé par une voix agréable et sur un ton mélodieux. Ce n'est donc pas un avantage à dédaigner, que celui de conquérir les sens, même dans ce qui ne les concerne point. Si tel homme qui raisonne avec autant de précision que de clarté, et de manière à enchanter l'esprit, avait malheureusement un organe détestable, qui mît l'oreille au supplice, il ne serait pas étonnant qu'on perdît une partie de ce qu'il dirait; car l'oreille ne manquerait pas alors de distraire l'attention de l'esprit par son mal-aise. Il est donc fort utile à un orateur d'avoir un bel organe, et cela devient presque nécessaire à l'acteur, plus fait encore pour plaire et pour persuader, que pour convaincre.

Quand la peinture veut rappeler un arbre à l'esprit, elle en offre l'image aux yeux. Ceux-ci jouissent alors de cette image comme de l'objet même, quand il est bien imité; et sans la réflexion de l'esprit qui vient troubler notre plaisir, un arbre ou sa peinture serait pour nous la même chose, *si nous pouvions nous borner à voir seulement.*

L'immense avantage attaché aux langues de convention, *c'est celui de pouvoir tout exprimer, parce qu'elles ne dessinent rien.* Elles ne dessinent rien, puisqu'elles n'offrent pas l'image des objets, mais des signes qui en tiennent lieu pour l'esprit et non pour les sens, et c'est précisément parce que ces signes sont insignifians en eux-mêmes, qu'ils peuvent s'appliquer à tout et se combiner à l'infini. L'avantage précieux des langues naturelles, c'est de parler d'une manière aussi agréable, et en quelque sorte aussi précise, aux sens qu'à l'esprit et au cœur. Il ne faut, en apparence, aucune étude préalable pour jouir, jusqu'à un certain point, de la peinture et de la musique, et il suffit pour cela d'avoir des yeux et des oreilles. Cependant, en approfondissant un peu la chose, on conviendra que c'est peu que d'avoir des yeux, même pour ne voir dans la peinture que des couleurs, et des oreilles, pour n'entendre dans la Musique que des sons; ce sont des oreilles et des yeux *exercés* qu'il faut. Habitués à ne compter pour rien les études que nous faisons continuellement, et comme à notre insçu, soit en voyant, soit en écoutant, nous regardons quelquefois comme inné ce qui est un véritable acquis. Le nouveau-né, qui a des yeux et des oreilles, voit et entend d'abord fort mal, et ce n'est qu'avec le tems qu'il se fortifie et se perfectionne dans l'usage de chacun de ses sens. J'ai donc raison de dire que ce n'est qu'en apparence qu'on n'a besoin d'aucune espèce de préalable pour jouir, avec les sens, de la Musique et de la peinture, même en n'y voyant que des couleurs et des sons.

Si on se bornait à cela, l'esprit n'y entrerait pour rien; mais on sait qu'il est impossible que nous nous en tenions là exclusivement, car nous ne pouvons guère séparer nos sensations de nos raisonnemens, et juger est une suite presque toujours nécessaire de sentir. Cependant on ne peut nier que beaucoup de gens n'aient les sens plus exercés que l'esprit, et que Saint-Lambert n'ait dit, avec autant de vérité que de profondeur, dans son *Poëme des Saisons*, en parlant des paysans :

» Plus agir que penser, plus sentir que connaître,
» Voilà l'état heureux du citoyen champêtre. »

C'est-là aussi l'état de la question à l'égard de ceux qui ont la prétention d'être juges dans les arts. Vous voulez juger d'un morceau de Musique, mais votre oreille et votre esprit sont-ils également exercés sur cette matière ? Si l'un est en arrière de l'autre, votre jugement sera nécessairement incomplet, et si tous deux sont, à cet égard, beaucoup au-dessous de la hauteur où il faut être pour bien juger, alors on doit s'attendre, de votre part, à des sotises plus ou moins tranchantes, selon le degré de confiance que vous avez dans vos moyens, et la vogue dont vous jouissez dans votre société ou dans le public. Quand Molière consultait sa servante, c'était pour s'assurer qu'il s'était mis à la portée du grand nombre, ce qui, au théâtre et même dans tous les arts, est nécessaire jusqu'à un certain point ; mais il se fût bien gardé d'appeler, de tout, à ce tribunal incompétent : c'eût été manquer de jugement ; c'eût été confondre tous les genres et les différentes parties de chacun. Si vous êtes donc resté au niveau du paysan ou de la servante de Molière, soit en Musique, soit en peinture, en poésie ou dans tel art que ce soit, bornez-vous à juger, dans chacun de ces genres, ce qui est à votre portée. Si vous avez beaucoup d'esprit et de littérature, mais des oreilles peu exercées, non à l'harmonie des vers, mais à celle de la Musique, ne vous donnez pas le ridicule de pronnoncer sur celle-ci, car vous ne jugerez qu'en l'air et vous n'abuserez que ceux qu'il est plus coupable que glorieux de tromper.

Ne sutor ultrà crepidam.

Le cordonnier ne doit pas dépasser la chaussure, quand il veut prononcer en juge suprême.

Il résulte de tout ce qui précède dans ce chapitre, 1°. que la Musique est une langue, et une langue naturelle; qu'une langue naturelle intéresse l'œil ou l'oreille auquel elle s'adresse dans la chose même qu'elle le charge de transmettre à l'esprit; tandis que les langues, proprement dites, en usent à l'égard de l'ouïe et de la vue, comme un maître qui ordonne à son valet de répéter, à une autre personne, des mots d'une langue qu'il n'entendrait pas. Celui-ci s'acquitte alors de la commission sans y rien comprendre, et c'est absolument ce que fait l'œil ou l'oreille dans nos langages de convention; 2°. il en résulte que pour être bon juge dans un art, c'est peu d'avoir l'esprit éclairé, il faut que le sens, du ressort duquel est cet art, et l'esprit, soient également exercés dans cet art-là même. Cela ne veut pas dire que pour juger en Musique, en peinture ou en poésie, il faille absolument être musicien, peintre ou poëte; mais cela établit qu'il faut avoir beaucoup entendu ou vu, avec attention et intérêt, et avec ce qu'on appelle le sentiment de la chose, soit de la poésie, de la peinture ou de la Musique. Cela veut dire encore que celui qui connaîtra bien ces trois choses en particulier, connaîtra encore plus parfaitement chacune d'elles. « *Les arts se tiennent par la main.* »

Oui, tout se touche dans les arts et même dans les

sciences. C'est toujours à l'esprit, ou au cœur de l'homme que l'on parle, par l'intermédiaire de ces sons et les différentes manières d'émouvoir cet être sensible rentrent toutes les unes dans les autres.

On ne peut pas dire que la Musique offre une image aussi exacte des objets que la peinture qui est une espèce de glace qui les réfléchit; cependant elle est à peu près, pour ce qui s'entend, ce que l'autre est à l'égard de ce qui se voit. C'est dans ce qui échappe aux yeux, c'est dans ce qui ne peut être senti par les oreilles, que la peinture et la Musique deviennent beaucoup moins intelligibles. Dans ce cas, que font ces deux langues? Elles ont recours à l'allégorie, idiôme moitié naturel et moitié de convention; et c'est alors qu'elles se confondent, en quelque sorte, avec les langages arbitraires, comme ceux-ci se confondent avec la Musique dans les *onomatopées*, c'est-à-dire, dans ces mots imitatifs des objets, tels que *coucou*, *tictac* et mille autres.

CHAPITRE II.

Du systême musical. Il est indépendant de la volonté de l'homme. Son Type est dans la nature. De la Gamme des Grecs, et de celle des modernes.

Ce n'est pas le *Systême musical* qui est soumis à la volonté de l'homme, c'est l'homme lui-même qui lui est asservi par l'organisation de son oreille, qui se trouve en rapport avec le Type de la Musique.

J'appelle *Type musical* ce que *Rameau* a appelé *le Corps sonore*, ou la génération des sons différens produits par une seule corde d'instrument, mise, une seule fois, en vibration et en résonnance. Le phénomène de la décomposition de la lumière, découvert par Newton, ne présente rien de plus remarquable ni de plus étonnant que celui de la génération harmonique. Tout le monde sait qu'un rayon du soleil, décomposé par le moyen d'un prisme, offre les sept couleurs primitives, dans l'ordre suivant : *rouge*, *orangé*, *jaune*, *verd*, *bleu*, *indigo* ou *pourpre*, *violet*. C'est ainsi qu'une corde de piano ou de violoncelle, ou tel corps sonore que ce soit, produit sept Sons différens; plus, les octaves de ces Sons.

Soit que *Rameau* fût véritablement imbu que la dissonnance ne peut exister dans la nature, ou soit qu'il ait essayé, en vain, d'asseoir son systême autrement que sur l'accord parfait, il n'a reconnu ou voulu reconnaître, dans la génération harmonique, qu'un son générateur, sa tierce majeure et sa quinte juste, non dans l'ordre direct de ses intervalles, mais comme il suit : UT, SOL, octave au-dessus de la quinte; MI, double octave au-dessus de la tierce. (*Pl.* I, *fig.* A.)

De tous les sons produits ainsi, le son principal, appelé improprement *générateur*, est le seul que discerne bien une oreille peu exercée. Dé-là vient le proverbe : *Qui n'entend qu'une cloche n'entend qu'un son.* Cependant il est certain qu'une cloche, aussi bien que tout autre corps sonore, rend plusieurs sons à-la-fois, ou comme à-la-fois. Comment cela, et quels sont ces sons différens? C'est là ce que je vais expliquer.

TYPE DU SYSTÊME MUSICAL.

Si une corde d'instrument ne vibrait que d'une manière à-la-fois et dans toute sa longueur, elle ne produirait qu'un seul son, celui relatif à sa longueur, à son degré de pesanteur et à son degré de tension, car ce sont-là les trois choses qui rendent un son plus ou moins grave ou plus ou moins aigu, et détermine le ton et la qualité d'un son. Mais une corde ne vibre pas seulement dans toute sa longueur; elle vibre dans toutes les parties qui sont contenues plusieurs fois justes dans cette longueur, et même dans le double de chacune de ces longueurs. Une corde vibre donc dans ses deux moitiés, d'abord réunies, puis séparées : dans ses deux tiers, à-la-fois, et dans chacun de ses tiers, séparément : dans ses quatre cinquièmes à-la-fois, et puis réunis, de deux en deux; et dans les cinq séparément : dans ses quatre quarts à-la-fois, qui est la longueur entière, puis dans ses quatre quarts, mais deux à deux, et dans ses quatre quarts séparés, etc.

En supposant, maintenant, que la corde choisie pour l'expérience soit le SOL le plus grave ou le plus bas du piano-forte, voici ce qui arrive (1).

La corde entière donnant le *Sol* le plus grave du clavier, chaque moitié fait entendre l'octave au-dessus de ce *sol*, et je représente ces deux octaves par deux *noires* sans queues. *sol sol*. (*Fig*. B.)

Les cinq cinquièmes de la corde, vibrant à-la-fois

(1) Que la touche *Sol* réponde à une seule corde, ou à deux ou trois cordes bien à l'unisson, cela revient au même pour l'expérience. (Voyez la *pl*. 1, *Fig*. B.)

et ne formant qu'un seul tout, produisent le son principal ou fondamental. Quatre de ces cinquièmes donnent la tierce majeure du son fondamental; unis par deux cinquièmes, ils donnent deux fois la tierce majeure au-dessus du *sol*, octave du son principal, et par conséquent *si si*. (*Fig.* C.)

Les trois tiers, résonnant ensemble, et ne formant qu'un seul son, donnent aussi le son fondamental, puisque les trois tiers unis sont la corde entière. Séparés, chacun de ces tiers de la corde donne un *ré*, quinte juste de l'octave au-dessus du son fondamental. Donc, *ré*, *ré*, *ré*. (*Fig.* D.)

Chaque quart, résonnant séparément, donne la double octave du son fondamental. Donc, *sol*, *sol*, *sol*, *sol*. (*Fig.* F.)

Chaque cinquième rend la tierce majeure, *si*, de cette double octave. Donc, *si*, *si*, *si*, *si*, *si*. (G.)

Chaque sixième de la corde entière, vibrant séparément, rend un *ré*, quinte juste de la double octave du son fondamental. Donc, *ré*, *ré*, *ré*, *ré*, *ré*, *ré*. (H.)

Chaque septième partie de la corde entière rend un *fa*, septième mineur de la double octave du son fondamental. Donc, sept *fa* dans l'étendue de la corde. (I.)

Chaque huitième partie de la longueur de la corde rend la triple octave du son principal. Donc, huit *sol*. (K.)

Chaque neuvième partie de la corde rend la neuvième majeure, la double octave du son principal. Donc, neuf *la*. (L.)

Chaque dixième partie rend un *si*, dixième majeure du *sol* double octave du premier *sol* et tierce majeure de la triple octave du son fondamental *sol.* Donc, dix *si.* (M.)

Chaque onzième partie de la corde résonnant à part, rend la onzième *ut* de la double octave du premier *sol*, et la quarte juste du *sol* troisième octave du son fondamental. Donc, onze *ut.* (N.)

Chaque douzième de la corde entière résonnant à part, rend un *ré*, douzième juste de la double octave du premier *sol*, et quinte juste du *sol*, triple octave du son principal. Donc, douze *ré.* (O.)

Chaque treizième de la corde rend un *mi*, treizième distance ou intervalle diatonique de la double octave du premier *sol*, autrement dit la sixte majeure de la triple octave, *sol*, du son fondamental. Donc, treize *mi.* (P.)

Chaque quatorzième de la corde rend un *fa*, quatorzième intervalle diatonique de la double octave du son principal, ou septième de la triple octave du premier *sol.* Donc, quatorze *fa.* (Q.)

C'est-là le vrai et l'unique TYPE du systême musical, qui, abstraction faite des unissons, et considéré selon l'harmonie, est *sol*, *sol*, *si*, *ré*, *sol*, *si*, *ré*, *fa*, *la*, *ut*, *mi* (R.), et, abstraction faite des octaves : *sol*, *si*, *ré*, *fa*, *la*, *ut*, *mi.* (S.)

Considéré simplement selon la mélodie, ce type présente le systême musical dans l'ordre, *sol*, *la*, *si*, *ut*, *ré*, *mi*, *fa.* (T.)

C'est de cette source féconde que je vais faire jaillir tous les grands principes qui sont ignorés ou mal entendus.

Les divers sons produits à-la-fois ou comme à-la-fois, par la vibration d'une seule corde qui se divise d'elle-même en un très-grand nombre d'autres cordes plus petites, ne peuvent pas être tous bien discernés, même par l'oreille la plus exercée; car les sons que j'ai notés, dans les exemples précédens, n'en sont que le plus petit nombre, ceux qui entrent dans le genre fondamental et diatonique.

Peu de musiciens distinguent plus de trois ou quatre de ces sons différens, les octaves exceptées. J'en distingue très-facilement cinq: *sol*, *si*, *ré*, *fa*, *la*, mais avec peine le sixième et le septième : *ut*, *mi*, non-seulement parce qu'ils sont les plus faibles, mais parce que les octaves des premiers sons se mêlant parmi ceux-ci, les étouffent en quelque sorte, ou du moins se font entendre de préférence.

Ceux de mes lecteurs qui ont quelques notions d'Harmonie se sont sans doute déja demandés pourquoi j'ai choisi, pour corde principale, la note *sol* de préférence à *ut*. C'est pour une très-grande raison que je vais exposer, et qui renferme un secret arraché à la nature, dont les gens de l'art seront au moins surpris, s'ils n'en sont révoltés.

Je n'ai pris *Sol pour corde fondamentale et génératrice*, que parce que, comme on l'a toujours cru et enseigné, ce n'est point la *Tonique*, mais la DOMINANTE qui enfante toutes les notes du Ton. — La Dominante engendrer tout le *Système musical* ! O scandale ! ô déraison !... — Vous vous trompez, messieurs, il n'y a là ni sacrilège, ni déraisonnement, mais une simple et vraie interprétation de la nature. Elle renverse vos systêmes, cela est fâcheux pour vous, j'en conviens; mais que sont vos principes erronés à côté de la vérité qu'ils ont étouffée si longtems? Daignez, messieurs, m'entendre avec bonté, ou du moins avec patience, et si je ne vous rends pas raison de tout par mes principes; et si je ne résouds pas toutes les questions qu'on élude sans cesse, alors donnez-moi un démenti formel; vous le devez à l'art, et moi-même je vous en rendrai grace; car ce n'est point à mes idées que je tiens, mais à la vérité, et à la rendre utile.

Vous avez paru, messieurs, éprouver autant d'indignation que de dédain, quand je vous ai révélé mon premier secret; avant d'aller plus loin, permettez-moi d'examiner un peu vos principes, car si je parviens à vous les rendre douteux, à vous-mêmes, vous serez peut-être moins mal disposés à m'écouter sur les miens.

Qui vous a donné votre gamme? — Nous la tenions des Grecs qui la tenaient du tâtonnement, avant que *Ptolomée* et *Pythagore* n'en eussent trouvé les proportions; mais depuis que le célèbre *Rameau* a *découvert* la Basse fondamentale. — Ne dites point découvert, dites *rêvé* la Basse fondamentale. — Rêvé! — Oui rêvé; et je vous prouverai que cela est ainsi.— N'importe, depuis que *Rameau* a publié que la résonnance du corps sonore produit l'accord parfait: majeur, il a fait connaître que notre gamme est le produit de trois ou quatre de ces accords parfaits: *Ut*, *mi*, *sol*; *fa*, *la*, *ut*; *sol*, *si*, *ré*; pour la gamme des Grecs qui est: *si*, *ut*, *ré*, *mi*, *fa*, *sol*, *la*; pour celle *ut*, *ré*, *mi*, *fa*, *sol*, *la*, *si*, *ut*, qui est la nôtre, on y ajoute l'accord *ré*, *fa dièze*, *la* (V.) — Je conçois que, par ce moyen, vous ne vivez plus d'emprunt, mais que c'est vous, au contraire, qui faites aux Grecs la charité de leur prêter votre *basse fondamentale*: cela est très-généreux. Mais, messieurs, avez-vous jamais songé à vous rendre compte de ce que doit être une Gamme? — Si nous y avons songé! La gamme est en *ut* majeur, *ut*, *ré*, *mi*, *fa*, *sol*, *la*, *si*, *ut*, c'est-à-dire, la série de huit sons qui occupent diatoniquement l'intervalle d'une tonique à son octave, inclusivement. — Fort bien : mais celle des Grecs ne va que jusqu'à la sixième note de votre gamme, et commence par la septième note du ton. Exemple : *si*, *ut*, *ré*, *mi*, *fa*, *sol*, *la* (X.). La gamme a donc varié? — Oui, nous l'avons perfectionnée; c'est *Gui*-d'*Arezzo*, bénédictin, qui l'a presque mise dans l'état où elle se trouve. Il ajouta une note au-dessous du *la*, ajouté lui-même au-dessous du *si* de la gamme des Grecs, quand ceux-ci eurent découvert le diapason que nous appellons l'*octave*. Ainsi, à la gamme ou aux deux tétracordes, *si*, *ut*, *ré*, *mi*, *fa*, *sol*, *la*, au bas desquels les Grecs avaient ajouté un *la*; ce qui faisait, *la*, *si*, *ut*, *ré*, *mi*, *fa*, *sol*, *la* (Y), *Gui* y ajouta un *sol*, ce qui fit, *sol*, *la si*, *ut*, *ré*, *mi*, *fa*, *sol*, *la* (Z.) : et ce *sol* fut appelé *hypo-proslambanomenos*, note ajoutée au-dessous de celle qui était déja ajoutée sous les autres. *Hypo*, sous, *proslambanomenos*, la surnuméraire et acquise.

Mais trouvant inutile de dépasser l'octave, nous avons borné la gamme à *ut*, *ré*, *mi*, *fa*, *sol*, *la*, *si ut*, parce qu'on sait qu'après les sept sons diatoniques qui composent la première série, les sept sons diatoniques qui les suivent et forment la seconde série, sont tellement semblables aux premiers, qu'il arrive qu'on les prend pour ceux-ci, quand on n'a pas l'oreille très-exercée, ou qu'on y fait peu d'attention. En effet, la différence d'une note à son octave, pour l'oreille, est comme celle, pour les yeux, d'un A à un A, fait de même, mais juste, de moitié plus petit. — Cela est clair. — Oui, mais ce qui ne l'est guère, messieurs, c'est que vous ayez compris les Grecs et *Gui* lui-même.

Je ne vois dans votre Gamme d'autre raisonnement que celui-ci : pour avoir toutes les notes du ton, il faut aller d'une note à son octave, qui en est la répétition, ou qui est du moins considérée comme telle ; et pour que cette série soit élémentaire et fondamentale, elle doit commencer par la note tonique. — En faut-il davantage ? — Sans doute, car il n'y a là qu'une supposition. Où est la preuve qu'il faut qu'une Gamme commence par la Tonique ? Est-elle dans celle des Grecs qui commençait à *si*, qui est, selon vous, la 7e. note du Ton ? Est-elle dans celle de *Gui* qui commençait par *sol*, cinquième note du Ton d'*ut*, qu'il désigna par la troisième lettre de l'alphabet des Grecs, appelée *gamma*, et qui est figurée ainsi Γ ? Vous êtes-vous jamais demandé pourquoi les deux tétracordes qui composaient le système des Grecs, étaient unis, liés ou conjoints par une note commune aux deux tétracordes ? Exemple : (*Pl.* 2e. *fig.* A.) *si*, *ut*, *ré*, *mi*, 1er. tétracorde ; — *mi*, *fa*, *sol*, *la*, 2e. tétracorde, qu'elliptiquement, et pour abréger, on écrivait : *si*, *ut*, *ré*, *mi*, *fa*, *sol*, *la*. (*Pl.* 2e. A.) Vous êtes-vous demandé pourquoi le système du bénédictin d'Arrezzo commençait à *sol*, et allait jusqu'au *la*, neuvième note au-dessus ? *sol*, *la*, *si*, *ut*, *ré*, *mi fa*, *sol*, *la*. Savez-vous que *Rameau*, après avoir trouvé l'accord parfait dans la nature, et les règles de la basse fondamentale dans sa tête, se repentit de l'application qu'il avait faite de ces règles, et que ce repentir est consigné dans *Le Mercure* de juin de 1761 ? *Rameau* y dit, *pag.* 152 :

« On sera peut-être surpris de me voir fonder d'abord, » dans mes *nouvelles réflexions*, le Mode sur deux » quintes, ... lorsque, portant mes vues » plus loin, je ne fonde ce Mode que sur une seule » quinte, etc. Qu'on a de peine (continue-t-il) à se » désister des usages! Je n'ai pas eu plutôt décou- » vert la basse fondamentale, que je n'ai songé qu'à » lui soumettre cet ordre diatonique, sur lequel tous » les systêmes de Musique étaient déja fondés : telle » est l'erreur qui m'a toujours persécuté jusqu'à ce » moment, comme s'il n'y avait que cet ordre qui » nous fût naturel; comme si les Consonnances ne » devaient pas l'emporter sur les dissonnances dont » cet ordre est entièrement composé? Mais il est » toujours tems de se corriger. » Il ajoute plus loin : « *Que ne m'en a-t-il pas coûté pour entretenir un* » *même mode dans les huit sons diatoniques*, » malgré l'heureuse découverte du *double-emploi*, et » pour pouvoir conserver du moins le sentiment d'un » même mode en pareil cas! *Je n'ai que trop senti* » *que ce mode s'y changeait en un autre!* Recon- » naissant, de plus en plus, les *droits du tétracorde* » dans les seules cadences qui constituent le mode, » mes yeux se sont enfin ouverts. »

Hé bien, messieurs, vous le voyez, *Rameau* lui-même avoue que son *double-emploi* ne fut qu'une subtilité employée par l'esprit de systême. Je le compare *aux cieux de cristal* que les anciens philosophes avaient imaginés pour expliquer le mouvement des astres, dont ils ignoraient les lois. Mais il ne s'arrête pas-là, il va jusqu'à renier notre Gamme, et il semble dire que le *tétracorde* est la seule série de sons qui soit véritablement *en un seul Ton*, qu'en cet endroit il appelle *mode*. A-t-il raison, a-t-il tort ?

Rameau ne sort ici d'une erreur que pour se plonger dans une autre. Il était au-delà de la vérité ; le voilà en deçà. Mais reprenons les choses d'un peu plus haut, et jugeons d'abord *Rameau* dans ses principes, nous le jugerons, après, dans ses désaveux (1).

Rameau, m'avez-vous dit, et toute son école, donnent pour principes à la Gamme des Grecs, *si*, *ut*, *ré*, *mi*, *fa*, *sol*, *la* ; les trois accords parfaits *sol si ré*, *ut mi sol* et *fa la ut*. Mais donner trois principes, trois générateurs à cette Gamme, n'est-ce pas admettre trois pères pour le même enfant ? La Gamme moderne à laquelle on en donne quatre est encore plus absurde.

Ou la Gamme est une et simple, ou elle est composée. Si elle est composée, quel est donc le simple de ce composé ? *Rameau* fait entrevoir que ce simple est un *tétracorde*. Mais alors il n'y aurait plus sept notes dans la Musique, mais quatre seulement. Il paraît, en effet, que les anciens l'ont cru ainsi pendant quelque tems, et cette opinion serait encore soutenable dans un système musical, totalement séparé de l'Harmonie. (Voyez *pl.* 2e. *fig.* B.) Mais dans un système de Musique basé sur l'Harmonie, il faut de toute nécessité admettre sept Sons diatoniques différens.

LE SYSTÈME QUI EST BASÉ SUR L'HARMONIE EST CELUI DE LA NATURE ; celui dont une *corde géné-*

---

(1) Mes lecteurs me pardonneront de m'appesantir sur ces commencemens ; ils sont de la plus grande importance, et c'est le seul moyen d'aller vîte à l'avenir.

ratrice nous offre le type ou le modèle, et qui s'est fait sentir dans le phénomène de l'*octave* à ceux qui n'ont eu aucune idée de l'Harmonie, ni de la *résonnance d'un corps sonore*. Le système mélodique n'en est qu'une portion; ensorte que dans le tems où l'on n'avait que quatre noms différens, ou quatre notes pour désigner les sons, on avait toujours également sept *Sons* dans chaque *gamme*, dans chaque *mode* ou dans chaque *ton*. Ces trois mots sont absolument synonymes, pris dans le sens que je leur donne ici. Cependant, pour éviter toute équivoque, voici quel est leur vrai sens, et celui que j'y attacherai désormais.

Aux octaves près; qui ne sont considérées que comme la répétition des mêmes sons, la *Gamme* doit être la série la plus élémentaire de tous les *sons* qui entrent dans un seul *ton*, dans un seul *mode* et dans un seul *genre*.

Un Ton est la totalité des *sons* différens, admissibles dans la Musique, et produits par une seule *corde génératrice*, y compris les octaves de ces *sons*, au grave comme à l'aigu (1).

Le Genre est ce qui étend ou circonscrit le nombre des *sons* qui peuvent être admis dans un *Ton*.

Le Genre est diatonique, chromatique ou enharmonique.

Le Genre diatonique est circonscrit dans les sept sons : *sol*, *si*, *ré*, *fa*, *la*, *ut*, *mi*; ou *sol*, *la*, *si*, *ut*,

---

(1) On appelle aussi *ton* l'intervalle de la tonique à la seconde, celui de la quarte à la quinte, etc. Pour distinguer l'un d'avec l'autre, j'écrirai toujours le premier avec un T majuscule.

ré, *mi*, *fa*, quand c'est la note *ut* qui est Tonique; et, dans les sons équivalens, quand c'est une des six autres notes qui est Tonique. (Voyez *pl.* 2e. *fig.* C.)

Je parlerai plus tard des deux autres genres.

Le Mode ne décide pas du nombre des sons, mais de la distance respective de chacun de ces sons : ces distances se nomment *intervalles.*

Le Mode est majeur ou mineur.

Le Mode majeur est celui qui est le plus directement donné par la nature, et on le nomme *majeur*, parce que trois de ses intervalles sont plus grands d'un semi-ton que dans le Mode appelé *mineur*. Ces trois intervalles sont la *tierce*, la *sixte* et la *septième*; c'est-à-dire, la troisième note en partant de la tonique, la sixième et la septième. Mais la septième note varie; elle est majeure quand elle est suivie de l'octave, et mineure lorsqu'elle est suivie de la sixième note.

Il y a là-dessus beaucoup de choses à dire, que je réserve pour quand il en sera tems. En attendant, nous allons jeter un coup-d'œil rapide sur la Gamme majeure en usage. (Voyez *pl.* 2e. *fig.* D.)

UT est la première note de la Gamme du ton d'*ut*, dans quelque mode et dans quelque genre que ce soit. Cette première note se nomme la *tonique*, ce qui signifie note du ton; mais, dans ce sens, les sept notes étant toutes du ton, seraient toutes également *toniques*. C'est en leur ôtant ce titre à chacune, et en ne le donnant exclusivement qu'à la première note du ton, qu'on évite les méprises, et qu'on rehausse cette qualification. La note Tonique est donc la note principale du Ton, la *note du Ton par excellence*, la reine du

Ton ; et cette reine, semblable à celle des Amazones, n'a point de roi.

RÉ est la deuxième nôte du Ton d'*ut.*

MI est la troisième note du Ton d'*ut.* On la nomme aussi Médiante, parce que, dans l'accord parfait de la tonique, qui est *ut mi sol*, le *mi* est la note du milieu de cet accord, et par conséquent la note Médiante.

FA est la quatrième note du Ton. On la nomme sous-Dominante, parce qu'elle est sous *sol*, qui est appelée Dominante.

SOL est la cinquième note, et s'appelle *Dominante*, parce que cette note est la plus élevée des trois notes de l'accord parfait de la tonique *ut*, *mi*, *sol*, et domine sur les deux autres.

LA est la sixième note du Ton d'*ut.* On l'appelle, par fois, su-Dominante, parce qu'elle est au-dessus de la Dominante.

SI est la septième note du Ton d'*ut.* On le nomme aussi *note sensible*, non que cette note soit en elle-même plus sensible qu'aucune autre de la Gamme, mais (disent nos professeurs) parce qu'elle fait desirer la Tonique, dont elle n'est distante que d'un semi-ton.

Je dirai ci-après ce qui lui mérite ce nom.

UT est la huitième note de la Gamme d'*ut*, ou l'octave de la Tonique, ce qui est la même chose.

Les Grecs l'appelaient le *diapason ;* c'est-à-dire, le son auquel on n'arrive qu'après avoir passé par tous les autres. En effet, puisqu'il n'y a que sept notes, quand on les a entonnées progressivement toutes les sept, selon l'ordre de la Mélodie, on doit nécessairement trouver l'*octave* ou la *huitième.*

Entonner *progressivement* les notes d'un Ton, c'est les entonner par ordre. Cet ordre peut être selon la Mélodie ou selon l'Harmonie. Selon la Mélodie, et dans la manière vulgaire, en *Ut*, c'est: *ut*, *ré*, *mi*, *fa*, *sol*, *la*, *si*, *ut*.

Entonner successivement les Sons, c'est les entonner l'un après l'autre, avec ou sans ordre.

Une SUITE de Sons peut n'avoir point d'ordre ou de régularité, mais une SÉRIE de Sons en exige absolument. C'est-là ce qu'il faut bien entendre pour éviter les méprises.

Si les sept *Sons* représentés par *ut*, *ré*, *mi*, *fa*, *sol*, *la*, *si*, et leur emploi, varié à l'infini, ne produisent, à une oreille exercée, que *la sensation unique d'un seul Ton ou d'une seule Gamme*, il n'en peut être ainsi qu'autant que cette *Gamme*, toute entière, est enfantée par une seule *corde*, *mère et génératrice*. Car où il y a plusieurs mères qui enfantent, il y a plusieurs générations produites; et où il y a plusieurs générations produites, il n'y a point d'unité de génération. Sans unité de génération, il n'y a point d'unité d'effet; car l'effet est semblable à la cause qui le produit. Là où deux causes agissent séparément, il y a donc, nécessairement, deux effets différens, qui sont produits par ces deux causes. D'après cela, la Gamme des modernes, *ut*, *ré*, *mi*, *fa*, *sol*, *la*, *si*, *ut*, à laquelle *Rameau* donne quatre générateurs, ne serait pas, comme il le dit, dans deux *Tons* différens, seulement, mais dans quatre.

Or, comme admettre quatre *Tons* dans une *Gamme*, c'est la même chose que d'admettre quatre *Gammes* en une seule, il est donc absurde de faire produire une seule *Gamme* à quatre générateurs; il l'est également d'admettre deux Tons en un Ton ; car la pluralité une fois admise, il n'y a pas plus de raison pour se borner à deux Tons qu'à un plus grand nombre.

Pourriez-vous me dire, messieurs, pourquoi les sept notes de la Gamme des Grecs sont, selon vous, en un seul Ton, tandis que ces sept mêmes notes sont dans deux Tons différens, dans la Gamme moderne? C'est sans doute à cause de l'arrangement différent des notes. Celui des Grecs est *si*, *ut*, *ré*, *mi*, *fa*, *sol*, *la* ; le nôtre *ut*, *ré*, *mi*, *fa*, *sol*, *la*, *si*. Mais si l'arrangement différent des mêmes notes fait varier le ton, il doit y avoir autant de Tons et de Modes différens que d'arrangemens possibles.

Les Grecs l'envisageaient ainsi, et c'était tout simple, parce que leur Musique n'était point fondée sur l'Harmonie, mais sûr la Mélodie seulement. C'est là une grande distinction que n'ont pas su faire tous nos faiseurs de systèmes, et tous ceux qui ont raisonné pour ou contre ces systèmes prétendus, qui ne sont, au fond, que des hypothèses plus ou moins hasardées. Celui de la nature va les faire tous écrouler, comme la lumière du soleil fait disparaître ces fantômes trompeurs, qui ne sont que les ombres des objets, mal vus, par un œil intimidé, à la lueur pâle et incertaine des astres de la nuit.

Je dis le système de la nature et non le mien ; car l'homme qui veut expliquer et non inventer la nature, doit l'envisager dans elle-même ; et c'est avec son génie et non dans son génie, qu'il doit en chercher l'arrangement.

C'est-là précisément ce qu'ont fait Copernic et

Newton. Descartes a pris en partie la marche opposée, et il a imaginé les *Tourbillons*.

Un esprit de la trempe de l'immortel *Descartes* avait bien le droit d'imaginer un systême, sans doute; mais avant d'ériger en doctrine ses imaginations, quelque sublimes qu'elles soient, nul n'est dispensé de s'assurer qu'elles s'accordent parfaitement avec tous les faits, sans quoi l'on bâtit en l'air, comme on l'a très-bien dit, on fait le roman de la nature au lieu d'en écrire l'histoire.

CHAPITRE III.

De la vraie Gamme.

La vraie Gamme est SOL, *la*, *si*, UT, *ré*, *mi*, FA.

Elle est produite à la suite des premiers *Sons* du Systême musical, selon l'Harmonie. Ce sont les octaves des notes *sol*, *si*, *ré*, *fa*, qui la forment concurremment avec les derniers *sons* du systême harmonique, *la*, *ut*, *mi*, qui s'intercallent entre ces octaves. (*Pl.* 2e., *fig.* E.)

A la seule inspection des *Sons* produits par une *corde génératrice*, il est évident que l'Harmonie nous est donnée par la Nature, et qu'elle est la sœur aînée de la Mélodie.

C'est donc bien à tort que le philosophe Rousseau l'a traitée d'invention gothique et barbare, et qu'il donne la préférence à la Musique des Grecs; car avouer que ceux-ci ne connaissaient pas l'Harmonie, c'est dire qu'ils ignoraient les vrais principes de la Musique, et qu'ils ne la connaissaient qu'à demi. Les miracles qu'on raconte de leur Musique prouvent qu'à cet égard les Grecs étaient des enfans qu'on pouvait enivrer avec une mince boisson.

Il n'y a pas deux Musiques, il n'y en a qu'une seule. On ne peut donc pas opter entre celle-ci ou celle-là ; mais entre le tout, ou une, ou plusieurs de ses parties ; et si nous en sommes venus, par rapport à la Musique, au point où en sont les Orientaux à l'égard de l'opium, cela ne dit rien contre elle, mais contre ceux qui en sont blasés.

Le système musical naturel, selon la Mélodie ou la vraie Gamme, est donc : *sol*, *la*, *si*, *ut*, *ré*, *mi*, *fa*.

1°. Parce que cette Gamme est celle de la Nature, et que la nature se sert de preuve à elle-même.

2°. Parce que les deux tétracordes qui la composent sont réguliers et symmétriques: *sol*, *la*, *si*, *ut* :: *ut*, *ré*, *mi*, *fa*.

3°. Parce que ces deux tétracordes réguliers sont liés par une note qui leur est commune, et que cette note, qui leur est commune et ne fait qu'*un Tout* de ces deux moitiés, est la Tonique elle-même, l'*Ut*, qui, de cette manière, se trouve placé *au centre du système musical*, comme le soleil au centre de notre système planétaire : *sol*, *la*, *si*, *UT*, *ré*, *mi*, *fa*.

4°. Parce que la Dominante *sol*, qui, en dignité, est la seconde note du système, en devient, ainsi, la note initiale ou première.

Observation.

J'ai déjà dit que cette note est *la corde génératrice* du système qui émane tout entier d'une *Domi-*

nante et non d'une *Tonique*, ou, selon *Rameau* et ses disciples, d'une Tonique, d'une Quatrième note et d'une Dominante, comme on l'a enseigné, et comme on le croit et enseigne encore. Mais c'est-là une de ces vérités dont le spirituel auteur *des Mondes* disait : « *Une idée nouvelle est un coin qu'on ne » peut faire entrer que par le gros bout.* » Cependant, comme ceci a sa preuve physique, il n'est pas impossible que l'on ne se rende plutôt que je ne pense, à l'évidence de mes démonstrations. On ne peut expliquer complétement la résonnance du *corps sonore* que de cette seule manière. L'abbé Jamard, qui, dans ses recherches, et selon les idées reçues, avait voulu asseoir le systême sur une Tonique, rencontrant le *si* ♭ dans le Ton d'*Ut* majeur diatonique, proposa d'admettre deux *si* dans cette Gamme, et leur équivalent dans tous les autres Tons. C'est tout ce que la philosophie et la bonne-foi pouvaient faire dans cette hypothèse, l'abbé Jamard n'étant ni assez musicien, ni assez hardi pour la renverser. Mais le chanoine de Sainte-Geneviève ne voyait pas que proposer deux *si*, l'un *bémol*, l'autre *naturel*, c'était demander qu'on admît une portion du genre Chromatique dans le genre Diatonique.

Comme il n'est pour moi de respectable, *dans les sciences humaines*, que ce qui est bien démontré ; si une idée ancienne obtient d'abord plus d'attention, de ma part, je ne lui fais pas plus de grace qu'à une idée nouvelle, quand je me suis convaincu qu'elle est une erreur; et je pense, en outre, que celui qui est appelé à traiter d'une science ou d'un art quelconque, doit oser envisager toutes les questions qui y ont rapport, soit que ces questions y soient considérées comme résolues ou à résoudre.

Je détruis donc, sans crainte, cette erreur consacrée, que la Tonique est la mère ou génératrice du ton, et je rends à la Dominante ce titre glorieux, qu'aucun homme ne lui a donné encore, mais que la Nature l'a exclusivement destinée à porter légitimement.

5°. Cette Gamme est celle de la Nature, parce que la quatrième note du Ton, la troisième note en dignité, qui, en *Ut*, est le *Fa*, y est placée à l'extrémité du système, et à la troisième place marquante. SOL, *la*, *si*, UT, *ré*, *mi*, FA.

6°. Parce que la Note sensible qui est *si*, quand la Tonique est *Ut*, y forme, avec cette Tonique, le premier semi-ton, ce qui empêche que le second semi-ton, *mi fa*, ne soit équivoque ; car le *fa* étant la fausse quinte de SI, est particulièrement ce qui rend ce SI note sensible ; c'est-à-dire, note qui fait bien sentir, à l'oreille, le Ton dans lequel est toute la Gamme. Et en effet, c'est le FA naturel qui fait connaître que le semi-ton, *mi fa*, n'est pas dans le ton de *fa*, et que la série *sol*, *la*, *si*, *Ut*, *ré*, *mi*, *fa*, est en UT et non en SOL.

7°. Parce que, de cette manière, il n'y a point trois tons pleins de suite, *fa sol*, *sol la*, *la si*, qui déplaisent souverainement à l'oreille. C'est ce Triton que les Grecs, guidés par la nature, avaient longtems évité, et que les modernes sont impardonnables d'avoir introduit dans leur Gamme. En enseignant la Gamme vulgaire, on commence donc la première leçon de Musique, par une infraction aux véritables règles de cet art, ce qui est assez bisarre et digne de remarque. Cette Gamme, qui porte avec elle le sceau de la réprobation, n'est que le vrai système renversé: c'est le second tétracorde qui est mis à la place du premier, et le premier à la place du second.

1 2
Sol, *la*, *si*, *Ut* :: *Ut*, *ré*, *mi*, *fa*.
Ut, *ré*, *mi*, *fa* :: *Sol*, *la*, *si*, *Ut*:
2 1

8°. Enfin, s'il fallait une autorité pour servir d'appui à la Nature, je dirais que cette Gamme, *sol*, *la*, *si*, UT, *ré*, *mi*, *fa*, fut celle de Ptolomée: ce qui me ferait croire que très-anciennement, chez les Egyptiens, il serait possible qu'on eût connu la résonnance du corps sonore. Cependant, comme notre oreille semble modelée dans son organisation sur ce Type de la Musique, il a toujours pu suffire de consulter l'ouie pour trouver ce qui est bien dans cet art, lorsqu'on l'a fait, sans prévention, et sans préjugés scientifiques.

Une chose très-digne d'attention, c'est qu'au moyen de toutes les clés, on trouve le système Musical selon l'Harmonie, par une note placée sur la première ligne sur chacune de ces clés, en commençant par la clé de FA posée sur la quatrième ligne. C'est en allant successivement de cette clé, sur laquelle on écrit les sons les plus graves, à la clé de SOL, posée sur la première ligne, qu'on trouve tout le vrai système Diatonique. (*Pl.* 2, *fig.* F.)

Admettre l'Octave dans la Gamme est une erreur consacrée par l'usage. C'est recommencer le système dans les demi-proportions et s'arrêter dès le premier terme ; c'est confondre la Mélodie avec l'Harmonie ; c'est entrer dans le second cercle, qui est ressemblant, mais non pareil au premier, puisqu'il est une fois plus petit.

Il faut donc bien distinguer la Gamme de l'Octave. La Gamme conserve les mêmes proportions relatives, en partant de telle note que ce soit ; et c'est-là ce qui oblige à employer les Dièzes ou les Bémols. l'Octave varie sept fois dans chaque Gamme, selon le point de départ.

EXEMPLE :

Octave d'UT. (En *ut.*) UT, *ré, mi, fa, sol, la, si,* UT.
Octave de RÉ. (En *ut.*) RE, *mi, fa, sol, la, si, ut,* RÉ.
Octave de MI. (En *ut.*) MI, *fa, sol, la, si, ut, ré,* MI.
Octave de FA. (En *ut.*) FA, *sol, la, si, ut, ré, mi,* FA.
Octave de SOL. (En *ut.*) SOL, *la, si, ut, ré, mi, fa,* SOL.
Octave de LA. (En *ut.*) LA, *si, ut, ré, mi, fa, sol,* LA.
Octave de SI. (En *ut.*) SI, *ut, ré, mi, fa, sol, la* SI.
(Voyez *pl.* 2e., *fig.* G.)

De ces différentes manières de parcourir l'octave, les Grecs en avaient fait autant de Modes, ensorte qu'ils avaient sept Modes.

De ces sept Modes ils en employaient particulièrement six ; et comme ils mettaient la Dominante tantôt au-dessus de la Tonique, et tantôt au-dessous, ces six Modes en formaient douze. Six Authentiques, dont la quinte était en dessus, et six Plagaux, dont la quinte était en dessous. (*Pl.* 2e., *fig.* H.)

Ce sont ces fameux Modes, admissibles dans un système de Musique simplement Mélodique, et non dans un systême Harmonique, qui ont tant fait raisonner et déraisonner des hommes, d'ailleurs très-savans et très-respectables.

On doit remarquer que c'est presque toujours sur ce que l'on comprend le moins, que l'imagination s'exalte le plus, et que l'on montre le plus d'entêtement; aussi en a-t-on montré beaucoup à cet égard. Le sort des grandes erreurs est de produire des volumes; mais ils sont plus remplis de mots que de choses: la vérité est comme le sage, elle occupe peu d'espace et fait ordinairement peu de bruit.

Je soupçonne fortement que les Modes Grecs, appelés authentiques, sont véritablement les Modes Plagaux, et que les derniers sont les Authentiques ou principaux, et qu'il en est de cela comme des deux tétracordes de la Gamme vulgaire, qui sont l'inverse de ce qu'ils devraient être. C'est ce que nous examinerons à fond quand il en sera tems.

RÉSUMÉ

DES DEUX PREMIERS CHAPITRES.

Ces deux chapitres ont été employés au développement des Vérités fondamentales qui suivent; savoir:

La première, que la Musique est une *Langue*, c'est-à-dire, un moyen d'exprimer les sensations, les idées et les sentimens.

La seconde, que cette Langue est naturelle et de tous les pays; qu'elle fut dans tous les tems, et chez tous les peuples, ce qu'elle est aujourd'hui, mais non pas, *à beaucoup près*, tout ce qu'elle est aujourd'hui.

La troisième, que le Système Musical est indépendant de la volonté de l'homme, et que c'est l'homme qui, par son organisation, est asservi à ce système, comme à tout ce qui lui fait éprouver de la peine ou du plaisir.

La quatrième, qu'il existe dans la Nature un Type ou modèle du système musical, d'accord avec notre oreille; que ce Type, toujours inutile à l'Art, parce qu'il était mal connu, va servir à interpréter complétement tout ce qui se fait en Musique, par la vraie explication que j'en donne.

La cinquième, enfin, que la vraie Gamme est celle donnée par ce Type de la Musique qui naît de la résonnance, une et multiple, d'une corde d'instrument ou d'un corps sonore quelconque.

ERRATA.

Discours préliminaire. Page 15, ligne 8, au lieu de *ames sensibles*, lisez *personnes sensibles*.

Ibid. page 27, ligne 2, au lieu de *base*, lisez *basse*.

Ibid. page 28, ligne 21, au lieu de *imminent*, lisez *éminent*.

Cours complet. Page 8, ligne 14, au lieu de *qu'il n'entendrait*, lisez *qu'il n'entend*.

Ibid. page 9, ligne 3, au lieu de *sons*, lisez *sens*.

CHAPITRE IV.

De la Mélodie et de l'Harmonie, en général, et des Consonnances et des Dissonnances.

LA MÉLODIE est l'art de faire succéder un son à un autre. Elle marche élémentairement par secondes majeures ou mineures. (*Pl.* 3, *fig.* A.)

Elle n'est qu'une des parties principales de la véritable Musique. Elle est tout dans le Plain-chant, et elle était presque tout aussi chez les Grecs, parce que le système de ces deux espèces de Musique *incomplettes*, est purement *Mélodique*.

L'HARMONIE est l'art de faire succéder, régulièrement, et, à-la-fois, plusieurs sons à plusieurs autres. Elle marche élémentairement par tierces majeures ou mineures : *sol*, *si*, *ré*, *fa*, *la*, *ut*, *mi*. (*Pl.* 3, *fig.* B.)

Selon l'acception la plus commune, l'HARMONIE n'est que la science des Accords et de leur succession; et on ne met au rang des Accords que les ensembles de Trois Notes différentes, au moins, et de quatre, au plus (1). Tout autre ensemble est regardé

(1) Son et Note ne sont pas synonymes. Le Son change à chaque Modification de la même Note, soit que cette modification soit opérée par un *bémol* ou un *dièze*, ou par un changement d'octave. L'octave n'est donc pas une note différente, mais un son différent. Ainsi les octaves, répétées deux, trois ou quatre fois, ne changent pas le nom d'un accord, mais l'effet. (*Pl.* 3, *fig.* C.)

comme incomplet ou au-dessus du complet, et formant, dans ce dernier cas, deux Accords au lieu d'un seul. Cela vient de ce que, d'une part, *Rameau* a regardé la Résonnance naturelle d'un corps sonore, comme formant toujours et exclusivement un Accord parfait, et de ce que, de l'autre, il a considéré l'art comme n'y ajoutant jamais qu'un son, ordinairement à la septième de la note fondamentale. Je dis ordinairement, car ceux qui connaissent le *double-emploi*, qui n'est qu'*une duplicité de l'esprit de systême*, savent qu'alors le son *sensé ajouté par l'art*, est la sixte de la note fondamentale, et non la septième (1).

Puisque l'Harmonie signifie accord entr'elles des parties d'un tout, l'Harmonie existe réellement depuis deux Notes entendues à-la-fois, jusqu'à cinq inclusivement, comme ne formant qu'un seul et unique ensemble, comme un seul et unique Accord.

L'action d'un Son est une *Sonnance* (2).

L'action de deux sons qui se font entendre à-la-fois est une consonnance, puisque con-sonner signifie sonner ensemble, sonner avec un autre : *cum*

---

(1) Que ceux de mes lecteurs qui n'ont aucune idée de ce *Double-emploi*, ni du systême de la Basse fondamentale, ne s'en inquiètent pas : ils apprendront ce que c'est, en tems et lieu.

(2) Ce mot n'existe pas; mais il faut supposer, pour un moment, qu'il existe. Le mot Ré-sonnance n'est que la récidive de la sonnance; parce que l'air, frappé par un corps élastique, ne sonne pas une fois seulement, mais beaucoup de fois. L'air *sonne* la première fois; il *ré-sonne* la seconde et toutes les autres, et c'est ce que nous appelons *résonner*.

sonare. Mais l'art a restreint la signification du mot Consonnance, à celle de *bien sonner* ensemble. Il faut donc que deux sons sonnent bien ensemble, pour mériter le nom de Consonnance.

Quand ils sonnent mal ensemble, ils forment une *Dissonnance.* Le mot Dissonnance est composé, 1°. de la préposition *Dis* ou *Di*, qui signifie de part et d'autre, et qui est l'opposé de *cum* ou *co*; et 2°. du substantif *Sonnance.* C'est l'effet de deux sons qui ne se marient pas bien ensemble, qui ne laissent pas l'oreille en repos, qui tiennent l'ame en suspens, parce qu'ils ne lui font entendre que la première moitié d'une proposition. C'est par un second Accord que cette proposition se complette.

AVERTISSEMENT.

Malgré que mon système diffère essentiellement de tous ceux qui ont été successivement reçus jusqu'à ce jour, je me bornerai, le plus souvent, à l'exposer comme s'il était déja généralement adopté. Mais j'aurai soin de mettre à la fin de chaque cahier, des observations propres à lever toute espèce de doute. Par ce moyen, mes principes étant plus rapprochés, ils s'établiront mieux dans l'esprit de mes lecteurs; et les personnes qui n'ont encore étudié aucun des systèmes connus, ne se trouveront pas arrêtées par les discussions qu'ils font naître à chaque instant.

*Des Consonnances et des Dissonnances que les Notes forment entr'elles, comparées deux à deux, dans le Ton d'*Ut*, dans le genre diatonique et dans le mode majeur* (Pl. 3, fig. D.).

Les Notes SOL, SOL, SI, RÉ, FA, *la*, *ut*, *mi*, comparées à SOL, donnent :

1°. L'*Octave* SOL, SOL, Consonnance parfaite.

2°. La *Tierce majeure sol*, *si*, Consonnance imparfaite de la première classe.

3°. La *Quinte juste*, *sol*, *ré*, Demi-Consonnance.

4°. La *Septième mineure*, *sol*, *fa*, Dissonnance du premier degré (1).

5°. La *Neuvième majeure*, *sol*, *la*, Dissonnance au deuxième degré.

6°. *La Quarte juste*, *sol*, *ut*, Demi-Dissonnance.

7°. La *Sixte majeure*, *sol*, *mi*, Consonnance imparfaite de la première classe.

Il faut remarquer que dans le TYPE de la Musique, *sol*, *sol*, *si*, *ré*, *fa*, *la*, *ut*, *mi*, *sol*, il y a une progression graduelle vers la dissonnance jusqu'à l'intervalle de Neuvième *sol*, *la*.

EXEMPLE : *sol*, *sol*, consonnance parfaite.

Sol-si, consonnance imparfaite : premier degré de diminution de consonnance.

Sol-ré, Demi-Consonnance : second degré de diminution de consonnance.

Sol-fa, Dissonnance du premier degré.

Sol-la, Dissonnance-maxime, le plus dissonnant

---

(1) Le premier degré est le moins *Dissonnant*.

de tous les intervalles du Type Musical direct, dans le genre diatonique.

Après cet intervalle, on est ramené graduellement vers la consonnance parfaite par

Sol, ut, quarte juste, qui n'est plus qu'une demi-Dissonnance;

Et par *sol*, *mi*, sixte majeure, consonnance imparfaite.

Sol, *sol*, est la consonnance parfaite.

Les sept Notes comparées à Si, donnent:

Si, *si*, octave, consonnance parfaite. (*Pl.* 3, *fig.* E.)

Si, *ré*, Tierce mineure, consonnance imparfaite de la deuxième classe.

Si, *fa*, Fausse-Quinte, Dissonnance *sensible*. Je la nomme ainsi, parce que c'est elle qui fait sentir le Ton où l'on est (1).

Si, *la*, septième mineure, Dissonnance du premier degré.

Si, *ut*, neuvième mineure, Dissonnance du troisième degré.

Si, *mi*, quarte juste, Demi-Dissonnance.

Si, *sol*, sixte mineure, consonnance imparfaite de la deuxième classe.

---

(1) *La Note sensible* n'est telle (en Ut) qu'autant qu'on va du *si* au *fa*, ou du *fa* au *si*, soit en passant ou non par les Notes intermédiaires, comme *fa sol la si*; ou lorsqu'on fait entendre ces deux Notes à-la-fois; car c'est la Fausse-Quinte *si fa*, ou le Triton *fa si* qui signale le Ton d'Ut et le distingue de tout autre Ton, par la raison qu'il n'y a que cette seule fausse-quinte, dans le genre diatonique.

Les sept Notes, comparées à RÉ, donnent :

RÉ, RÉ, octave, consonnance parfaite. (*Pl.* 3, *fig.* F.)

Ré, *fa*, tierce mineure, consonnance imparfaite de la deuxième classe.

Re, *la*, quarte juste, Demi-Consonnance.

Ré, *ut*, septième mineure, Dissonnance du premier degré.

Ré, *mi*, neuvième majeure, Dissonnance du deuxième degré.

Ré, *sol*, quarte juste, Demi-Dissonnance.

Ré, *si*, sixte majeure, consonnance imparfaite de la première classe.

Les sept Notes, comparées à FA, donnent :

FA, FA, octave, consonnance parfaite. (*Pl.* 3, *fig.* G).

Fa, *la*, tierce majeure, consonnance imparfaite de la première classe.

Fa, *ut*, quinte juste, demi-consonnance.

Fa, *mi*, septième majeure, dissonnance du quatrième degré.

Fa, *sol*, neuvième majeure, dissonnance du deuxième degré.

Fa, *si*, quarte superflue, appelée *triton*, c'est-à-dire, trois tons, parce que la distance ou l'intervalle de *fa* à *si* est de trois tons. C'est la Dissonnance sensible *si*, *fa*, renversée.

Fa, *ré*, sixte majeure, consonnance imparfaite de la première classe.

Les sept Notes, comparées à LA, donnent :

LA, LA, octave, consonnance parfaite. (*Pl.* 3, *fig.* H.)

La, *ut*, tierce mineure, consonnance imparfaite de la deuxième classe.

La, *mi*, cinquième juste, demi-consonnance.

La, *sol*, septième mineure, dissonnance du premier degré.

La, *si*, neuvième majeure, dissonnance du deuxième degré.

La, *ré*, quarte juste, demi-dissonnance.

La, *fa*, sixte mineure, consonnance imparfaite de la deuxième classe.

Les sept Notes, comparées à UT, donnent :

UT, UT, octave, consonnance parfaite. (*Pl.* 3, *fig.* I.)

Ut, *mi*, troisième majeure, consonnance imparfaite de la première classe.

Ut, *sol*, quinte juste, demi-consonnance.

Ut, *si*, septième majeure, dissonnance du quatrième degré.

Ut, *ré*, neuvième majeure, dissonnance du deuxième degré.

Ut, *fa*, quarte juste, demi-dissonnance.

Ut, *la*, sixte majeure, consonnance imparfaite de la première classe.

Les sept Notes, comparées à MI, donnent :

MI, MI, octave, consonnance parfaite. (*Pl.* 3, *fig.* K.)

Mi, *sol*, tierce mineure, consonnance imparfaite de la deuxième classe.

Mi, *si*, quinte juste, demi-consonnance.

Mi, *ré*, septième mineure, dissonnance du premier degré.

Mi, *fa*, neuvième mineure, dissonnance du troisième degré.

Mi, *la*, quarte juste, demi-dissonnance.

Mi, *ut*, sixte mineure, consonnance imparfaite de la deuxième classe.

Classification générale des intervalles dans le genre Diatonique.

Intervalles consonnans. (Pl. 3, fig. L.)

Les OCTAVES (justes) sont des *Consonnances parfaites.*

Les TIERCES majeures et les SIXTES majeures sont des *Consonnances imparfaites* de la première classe.

Les TIERCES mineures et les SIXTES mineures sont des *Consonnances imparfaites* de la deuxième classe.

Les QUINTES justes sont des *Demi-Consonnances.*

Intervalles dissonnans. (Pl. 3, fig. M.)

Les QUARTES justes sont des *Demi-Dissonnances.*

Les FAUSSES QUINTES sont des Dissonnances sensibles.

Les TRITONS ou QUARTES SUPERFLUES, sont des *Dissonnances sensibles renversées.*

En outre de ces Dissonnances, il y en a d'autres divisées en quatre classes toujours plus dissonnantes, en allant de la première à la quatrième.

Les SEPTIÈMES mineures sont des intervalles *dissonnans* au premier degré seulement.

Les NEUVIÈMES majeures sont des intervalles *dissonnans* au deuxième degré.

Les Neuvièmes mineures sont dissonnantes au troisième degré.

Les septièmes majeures sont dissonnantes au quatrième degré.

Il faut remarquer que plus un intervalle dissonnant est rapproché, et plus il est dissonnant.

Les septièmes et les neuvièmes, rapprochées au point de contact, au point où elles se touchent et se heurtent, sont beaucoup plus dissonnantes qu'autrement.

La fausse quinte renversée (qui est le Triton) est plus dissonnante alors que non renversée.

Au contraire, une consonnance rapprochée D'UNE *octave, est plus consonnante.*

L'octave devient unisson, et forme une uni-sonnance.

La *sixte* devient *tierce*, qui est plus consonnante que la *sixte*. J'en dirai la raison quand je traiterai de l'UNITÉ et de la VARIÉTÉ, ces deux lois fondamentales de la Musique et de tous les beaux arts. (1)

(1) Il faut prendre garde que, dans tout ceci, il n'est uniquement question que du genre diatonique.

CHAPITRE V.

Des Accords.

D'APRÈS le Type musical, selon l'Harmonie, *sol, si, ré, fa, la, ut, mi*, qui doit être toujours présent à la pensée, il est aisé de voir que les Tierces sont les intervalles élémentaires et constitutifs des Accords.

Ainsi, comme une Consonnance est composée de deux Sons qui sonnent bien ensemble, un Accord consonnant est composé de deux de ces Consonnances.

Un accord consonnant n'est donc qu'une double Consonnance, ou l'ensemble de deux Consonnances. (*Pl.* 4, *fig.* A.)

Un Accord Dissonnant est l'ensemble de trois Consonnances. (*Pl.* 4, *fig.* B.)

Cependant deux tierces majeures, telles qu'*Ut, mi*, et *mi sol dièze*, qui sont séparément deux consonnances, quand elles sont réunies, elles forment un accord dissonnant. (*Pl.* 4, *fig.* C.)

Il semble donc qu'il y ait dans les Consonnances une sorte de *sexe*. Et, comme deux hommes ne peuvent former, ensemble, une union propre à propager leur espèce, ainsi, deux Tierces majeures ne peuvent former un accord parfait.

Par la même raison, deux *Tierces mineures* ou deux femmes ne peuvent pas non plus former un Accord parfait.

J'en demande pardon à l'amitié; mais toute sainte,

toute précieuse, toute chère qu'elle est à mes yeux, elle ne peut pas former une union parfaite, en tout point, lorsqu'elle unit deux êtres du même sexe. Deux Tierces mineures et une Tierce majeure, comme deux femmes et un homme, forment aussi un ensemble dissonnant. Ainsi, comme les états les mieux policés de l'Europe, la Musique rejette la polygamie, ou du moins elle ne prétend pas donner une association de ce genre, comme pouvant former un accord parfait, mais comme un ensemble naturellement dissonnant.

Laissons le langage figuré pour revenir à celui qui convient plus particulièrement à la matière dont je traite.

Comme il y a sept Notes, il peut y avoir, dans chaque Ton, sept Accords composés de deux tierces. (*Pl.* 4, *fig.* D.)

Six de ces Accords sont consonnans, c'est-à-dire, composés d'une tierce majeure et d'une mineure, et se nomment Accords parfaits.

Trois de ces Accords se nomment Accords parfaits majeurs.

Ce sont ceux des trois Notes principales de la gamme majeure et diatonique, savoir : l'Accord parfait de la Dominante, celui de la Tonique et celui de la Quarte, parce que la première Tierce de chacun de ces Accords est majeure. Exemple : *Sol, si, ré; ut, mi, sol; fa, la, ut.* (*Pl.* 4, *fig.* E.)

Trois de ces Accords parfaits sont mineurs, parce que leur première tierce est mineure.

Ré, fa, la; la, ut, mi; mi, sol, si. (*Pl.* 4, *fig.* F.)

Le septième accord est composé de deux Tierces

mineures et, par conséquent, il est dissonnant. Et comme j'ai appellé la Fausse quinte, *si*, *fa*, dissonnance sensible, j'appellerai l'accord, *si*, *ré*, *fa*, Accord imparfait diatonique et sensible. (*Pl.* 4, *fig.* G.)

Il y a également sept Accords Dissonnans, composés chacun de trois Tierces, et nommés Accords de septième, parce que la quatrième note de chacun de ces Accords est à sept degrés au-dessus de la première. (*Pl.* 4, *fig.* H.)

Sol, si, ré, fa.
La, ut, mi, sol.
Si, ré, fa, la.
Ut, mi, sol, si.
Ré, fa, la, ut.
Mi, sol, si, ré.
Fa, la, ut, mi.

Il y a aussi sept accords composés de quatre Tierces, tous appellés Accords de neuvième, parce que, de la première à la cinquième Note de chacun de ces Accords, il y a l'intervalle d'une neuvième. (*Pl.* 4, *fig.* I.)

Sol, si, ré, fa, la.
La, ut, mi, sol, si.
Si, ré, fa, la, ut.
Ut, mi, sol, si, ré.
Ré, fa, la, ut, mi.
Mi, sol, si, ré, fa.
Fa, la, ut, mi, sol.

Tout Accord composé de deux tierces, peut se renverser directement de deux manières, c'est-à-dire, qu'au lieu d'employer la première note à la partie la plus basse, ou la plus grave, on peut y mettre la seconde ou la troisième note. (*Pl.* 5, *fig.* A.)

(A) La première portée de cet exemple représente les sons d'un accord parfait, arrangés dans l'ordre généalogique. C'est la corde *sol*, qui engendre *si*, puis *ré*, etc.

(A) La seconde portée présente le fils aîné, *si*, et le second *ré*, puis leur mère, la Note *sol*. L'ordre généalogique est donc renversé, mais le moins possible : c'est le premier renversement direct de l'accord *sol*, *si*, *ré*.

(a) La troisième portée présente *si*, *ré*, *sol*, et par conséquent, le fils puîné avant l'aîné, et avant leur mère *sol*; l'ordre généalogique et fondamental y est donc doublement renversé. C'est pourquoi on appelle chacun de ces accords, second renversement d'un accord de deux tierces.

Comme on désigne les Accords par un ou par plusieurs des intervalles qui se trouvent entre les Notes qui les composent, ceux semblables à *si*, *ré*, *sol*, où il y a un intervalle de sixte de la première note à la troisième, comme *si*, *sol*, on les appelle accords de sixte, parce qu'on ne fait pas mention de la tierce *sol*, *si*.

Ceux composés d'une quarte et d'une sixte *ré*, *sol*, *si*; où il y a *ré*-*sol*, et *ré*-*si*, on les appelle accords de quarte et sixte; et quand on substitue des chiffres au nom des intervalles, on désigne chaque premier renversement d'un accord parfait par un 6, et chaque second, par un $\frac{6}{4}$.

Mais la meilleure manière d'enseigner étant, selon moi, d'apprendre aux élèves le plus de choses avec le moins de mots possibles, je n'entrerai pas ici dans le détail des *Accords*, en donnant à chaque renversement, des noms et des chiffres particuliers. Je me bornerai à montrer les différentes faces directes de ces accords, et à désigner ces faces par 1, 2, 3, pour chaque accord Parfait; par 1, 2, 3, 4, pour chaque accord de Septième; et par 1, 2, 3, 4, 5, pour chaque Accord de Neuvième. Je n'entrerai même dans ce détail qu'autant que le sens de la phrase l'exigera; renvoyant à la fin de ce Cours, pour l'invention pédantesque des chiffres, et pour le détail des Accords.

Tout Accord composé de trois tierces consécutives, enfin, tout Accord de Septième a quatre faces directes. *Sol, si, ré, fa*, 1re. face directe, généalogique, ou fondamentale. (*Pl.* 5, *fig.* B.)

Si, ré, fa, sol, seconde face directe, mais non généalogique, ni fondamentale (1).

Ré, fa, sol, si, troisième face directe.

Fa, sol, si, ré, quatrième face directe.

Il en est de même des six autres accords de Septième du même exemple, et de tout autre accord de la même espèce.

Tout Accord de Neuvième n'a qu'une seule face directe, parce qu'on ne peut le renverser sans former une cacophonie. Elle résulte de trois Notes qui se touchent comme *fa, sol, la*. (*Pl.* 5, *fig.* C et D.)

(1) J'appelle *renversemens directs* ou *faces directes* d'un Accord, l'ordre fondamental et renversé de cet Accord, quand les notes sont prises le plus près possible, et dans la même octave. Comme, 1°. *Sol, si, ré, fa*; 2°. *Si, ré, fa, sol*; 3°. *Ré, fa, sol, si*; 4°. *Fa, sol, si, ré*. — *Sol, ré, fa, si* est indirect.

Les consonnances simples et les dissonnances simples, ne se renversent pas non plus, parce qu'alors elles changeraient de nature. (*Pl.* 5, *fig.* E.)

CHAPITRE VI.

Du Ton.

Le Ton est la hiérarchie, l'ordre établi entre les Notes d'un genre et d'un mode. La Gamme naturelle, la vraie gamme *SOL*, *la*, *si*, *UT*, *ré*, *mi*, *FA*, présente cet ordre, en nous montrant la Tonique au centre; la Dominante et la Quarte aux deux extrémités.

J'ai déja dit que ce sont là les trois Notes principales du Ton. La TONIQUE l'emporte sur toutes les Notes. C'est elle qui joue le premier rôle dans le Ton. Elle est le centre de gravité, le but de tous les buts, la fin de toutes les fins; en un mot, c'est à elle que le sceptre de l'empire musical est confié.

La Dominante est la seconde Note en dignité, c'est le second point vers lequel tout se dirige. Elle est la corde génératrice de tous les sons d'un Ton, dans les trois Genres, et dans les deux Modes.

C'est en vain qu'on a essayé d'asseoir, sur une Tonique, la génération harmonique. En admettant cette hypothèse, on est jetté dans un autre Ton, ou dans le genre chromatique, dès la quatrième Note. (*Pl.* 5, *fig.* F.) Or, est-il croyable que la Nature, toujours si conséquente dans sa marche, puisse venir placer ainsi un seul son chromatique parmi les sons diatoniques, sans qu'il puisse exister aucun moyen de pallier une telle dérogation à l'ordre qui est son essence ? Une Nature semblable n'annoncerait pas un être infiniment intelligent pour son auteur, et ne devrait pas servir de modèle à ceux qui raisonnent. Mais cessons de blasphêmer, même hypothétiquement, contre elle, et disons franchement, que si d'habiles gens ont pu se méprendre, en cherchant à établir un systême sur ce phénomème, il n'y a plus que de pauvres têtes qui puissent résisterà l'évidence de celui par lequel j'explique, si naturellement ici, la génération harmonique, à moins que l'esprit de parti, le plus déraisonnable de tous, ne s'en mêle (1).

Il est donc incontestable que la Dominante est la corde génératrice du Ton, puisque tout s'ordonne et s'explique, on ne peut mieux, d'après ce principe; et que rien ne s'ordonne et ne s'explique bien, quand on y substitue une Tonique.

Quoique la dominante soit la corde génératrice du Ton, cela n'empêche pas que la Tonique ne préside souverainement au Ton, dont elle est le centre d'UNITÉ et de GRAVITÉ.

La Dominante ne préside que secondairement à l'unité du Ton.

Je dois peut-être dire, à ceux qui sont encore scandalisés, que j'enlève à la Tonique la prérogative d'enfanter les Notes d'un Ton; que l'Être Incréé a dû en agir de la sorte, si on lui suppose l'intention

(1) Dans ce cas, on sait qu'il est inutile d'établir des principes, de donner des preuves; car ce n'est pas de l'ouvrage dont il est alors question, c'est de celui qui l'a fait; et empêcher qu'on lui rende justice, est tout ce qu'on veut.

de vouloir nous guider, en nous donnant un Type de la Musique.

En ne nous donnant que l'*Accord parfait*, comme on l'avait supposé, il n'eût formé qu'une nature inerte et sans mouvement. Les hommes jettés sur la terre, sans besoins et sans desirs, ressembleraient à ce Type musical, qui ne présenterait seulement qu'un Accord parfait; (*Sol*, *si*, *ré*.) mais l'équilibre s'y rompant dès la quatrième note harmonique, (*sol*, *si*, *ré*, *fa*,) le mouvement s'établit, et l'on sent le besoin d'un second accord. Il s'accroît encore au cinquième son; (*sol*, *si*, *ré*, *fa*, *la*,) mais l'Accord parfait de la Tonique (*ut mi*, *sol*,) vient satisfaire ce besoin pressant, et rétablir l'équilibre; ce qui est absolument conforme à la nature de l'homme et à tout ce qui est créé (1).

Cet équilibre est devenu bien plus doux et bien plus précieux que le premier *sol*, *si*, *ré*, parce que ce second équilibre, ce second accord parfait avait été précédé du plus vif desir, excité par *fa* et *la*, ajoutés à *sol*, *si*, *ré*.

D'après cela, je conclus que la Musique n'est qu'une suite d'Accords appellans et appellés; que la Période musicale n'est qu'une suite de PROPOSITIONS HARMONIQUES, composées d'un Accord *antécédent* et d'un *conséquent*. Mais, comme il y a une Hiérarchie

---

(1) Quant à l'accord *sol*, *si*, *ré*, *fa*, *la*, il doit peu s'employer, parce qu'il peint une situation extrême : le besoin est suffisamment excité par *sol*, *si*, *ré*, *fa*; c'est en faire un tourment que d'aller au-delà. Or, cet état n'étant pas habituel dans la nature, il ne doit pas être trop fréquemment présenté par l'art.

dans les Notes, il y en a une aussi dans les Propositions musicales, qu'on nomme, vulgairement, Cadences harmoniques. C'est ce qui va être successivement démontré.

CHAPITRE VII.

Des Propositions Musicales ou des cadences harmoniques, et par occasion de la Basse Fondamentale.

Les Accords vont cesser d'être des matériaux isolés. Je vais montrer comment, unis, deux à deux, ils forment des propositions musicales.

Nous avons vu qu'il peut y avoir sur chacune des sept Notes un accord composé de deux, de trois, de quatre ou même de cinq Notes différentes, et cela sans compter les octaves, qui peuvent être doubles, triples et quadruples, moyennant certaines précautions. Eh bien! Il n'est pas un de ces Accords qui ne puisse être suivi alternativement de tous les autres.

Les règles tracées par *Rameau*, sur la marche de la Basse fondamentale, qu'il voulait circonscrire, sont donc une erreur. Mais cette erreur accuse moins son génie que sa précipitation.

La Basse fondamentale n'est autre chose que la première Note de chaque Accord, pris dans l'ordre naturel, qui est celui de Tierces. Vouloir que cette Basse marche sans cesse par intervalles consonnans, c'est restreindre la Peinture à n'employer que trois ou quatre couleurs différentes ; ce qui n'a pas le sens commun.

Mais il est très-vrai de dire que les moyens les plus simples, et, par conséquent, les meilleurs à employer, *le plus fréquemment*, se trouvent dans la marche d'une Basse fondamentale, qui procède par tierce ou par quinte, ou par sixte, alternativement, ou consécutivement.

Voilà à quoi l'on doit réduire toutes les règles tracées à ce sujet, le reste est faux et absurde.

Vouloir réduire toutes les cadences Harmoniques à quatre est une autre erreur qui part de la même source, et dont on doit faire le même cas que de la précédente.

Le mot cadence (1) vient du latin *cadere*, qui signifie tomber. Cependant ce mot ne veut pas dire ici faire une chûte, mais s'asseoir, se reposer, tomber d'aplomb, s'unir avec un autre, s'emboîter.

Faire une chûte est le contraire de cela. Par exemple, on ne dit pas d'un état qui dépérit ou chancèle, qu'il tombe en *cadence*, mais au contraire, qu'il tombe en *décadence*, c'est-à-dire *hors de la cadence ;* car *de* signifie là *hors* ou *dehors*.

Former une *Cadence* ou une *Proposition* musicale, c'est donc lier un accord avec un autre. La cadence a lieu lorsqu'on passe régulièrement d'un Accord consonnant ou d'un Accord dissonnant à un consonnant. (*Pl.* 6, *fig.* A, B, C, D.)

---

(1) La cadence dont il est ici question, n'est pas le battement de deux notes, le *trill* des italiens, mais le passage d'un accord à l'autre.

Je nomme le premier accord d'une Cadence l'*Antécédent;* le second, je le nomme le *Conséquent.* *Anté-cédent* veut dire, *avant-posé*, et par conséquent Accord-posé avant un autre qui doit le suivre.

Con-séquent, cum-sequens, Avec-suivant. Accord qui va avec un autre, et qui le suit.

Passer régulièrement d'un Accord à un autre, c'est faire passer chaque partie de l'Antécédent à la Note du Conséquent qui l'attire, et c'est ce que les Musiciens appellent *sauver* ou *résoudre*, mais avec cette différence très-remarquable qu'ils croient ne devoir sauver que la Note de l'Antécédent, qui dissonne dans l'Antécédent même, tandis qu'il faut en sauver toutes les Notes qui sont en contact avec celles du Conséquent, dissonnantes ou non.

Il suit du besoin de sauver les Notes d'un Accord antécédent par celles du Conséquent, avec lesquelles elles sont en contact, qu'il existe une véritable Attraction ou Affinité entre ces Notes.

Comme celle reconnue en physique, par rapport à la pesanteur des Corps, cette *Attraction* agit en raison inverse de la distance. Ensorte qu'une note qui n'est qu'à un semi-ton de celle qui doit la suivre se trouve bien plus puissamment attirée par elle, que si elle en était à un ton d'intervalle.

Voilà une nouvelle analogie que j'ai découverte dans la nature, et qui prouve l'accord merveilleux qui règne parmi les choses les moins ressemblantes, en apparence.

Comme c'est tantôt le son grave qui attire le son aigu, et tantôt le son aigu qui attire le son grave, il suit de-là que l'attraction n'est pas en raison de la gravité, mais en raison de la proximité.

J'appelle *Proposition musicale* ce qu'on nomme Cadence harmonique, parce que ne voyant dans la Musique qu'une langue, je dois saisir tous les rapports qui existent entr'elle et les langues proprement dites.

Ce qu'on nomme une *Proposition Grammaticale*, est l'ensemble d'un sujet et d'un attribut, affirmé par un mot qu'on nomme *Verbe*. Comme : *Lysias* est *heureux*. *Lysias* oui *heureux*, dirait la même chose, si l'usage n'avait consacré le mot *est*, le verbe *être* enfin, pour exprimer cette affirmation.

Il n'y a donc que deux mots essentiels dans la proposition grammaticale, le sujet et l'attribut.

Le verbe n'est qu'un mot factice, très-ingénieusement inventé, il est vrai, par rapport aux langues de convention où il fait un effet admirable, mais il ne doit ni ne peut s'exprimer dans les langues naturelles. En conséquence, la *Proposition* ou *Cadence musicale* n'est composée que de deux accords et ne peut l'être de trois. Je ne sais si cette raison métaphysique sera sentie de tout le monde, mais elle me paraît aussi simple que vraie.

La proposition négative n'étant qu'un renversement de la proposition affirmative et une invention de l'art, il suit de-là qu'elle n'est point admissible dans une langue naturelle, quoiqu'elle répande une agréable variété dans les langues inventées par les hommes.

L'Antécédent est donc le sujet d'une Proposition musicale, et le Conséquent en est l'attribut. En effet, quand on va des premiers sons du Type musical aux derniers sons de ce même Type, de *sol*, *si*, *ré*, *fa*, à *ut*, *mi*, *sol*, on ne fait que passer d'un son principal aux différens harmoniques de ce *sol*, d'un sujet ou substantif à ses qualités ou attributs, que l'on nomme *adjectifs*, en terme de grammaire.

Ce passage de *sol*, *si*, *ré* à *Ut*, *mi*, *sol*, s'appelle la *Cadence parfaite*. L'inverse est l'imparfaite.

Jusqu'ici on n'avait fait que sentir, que le passage de la dominante à la Tonique forme une Cadence parfaitement concluante, le Type musical nous en fournit la raison, c'est qu'on y va du son principal aux sons accessoires ou harmoniques, et que, dans la Cadence imparfaite, on va des sons accessoires au son principal, d'*ut*, *mi*, *sol*, à *sol si*, *ré*, ce qui forme une marche rétrograde : Il est donc tout simple qu'une marche directe soit préférable à une marche rétrograde.

Analyse des Cadences formées par deux Accords composés de deux tierces, considérées sous le rapport de la Salvation.

On a vu précédemment qu'il y a sept Notes diatoniques ou de première création ; que chacune de ces Notes a un accord composé de deux tierces ; on va voir aussi que chacun de ces sept accords peut être suivi alternativement des six autres, ce qui forme six Cadences ou Propositions musicales différentes pour chaque note de la gamme.

L'Accord *sol*, *si*, *ré*, peut donc être *suivi* de l'accord *la*, *ut*, *mi*, ou de *si*, *ré*, *fa*, ou d'*ut*, *mi*, *sol*, ou de *ré*, *fa*, *la*, ou de *mi*, *sol*, *si*, ou de *fa*, *la*, *ut*. (*Pl.* 6, *fig.* E.)

Analyse de la Cadence à la seconde, formée par l'Accord sol, si, ré, sol, *passant à* la, ut, mi.

Le *sol* du dessus y descend à *mi*, (1) parce que la basse sauvant son *sol* par le *la* suivant, laisse celui du dessus libre de procéder par degrés disjoints, c'est-à-dire, par intervalles plus grands qu'une seconde.

Le *ré* descend à *ut*.

Le *si* descend à *la*.

Le *sol* de la basse monte à *la*.

On demandera peut-être pourquoi le *ré* de la seconde partie ne monte pas à *mi* ? C'est que *ré* et *mi* sur *sol* et *la*, qui sont à la basse, formeraient deux quintes justes; ce qui est très-expressément défendu. La seule raison qu'on en donne, c'est que *cela déplaît à l'oreille*. Mais pourquoi cela déplaît-il à l'oreille ? C'est-là ce qui était difficile à trouver, et qui paraîtra cependant tout simple, quand je l'aurai dit. Cela est défendu, parce que deux Quintes justes de suite détruisent l'impression de l'*Unité de Ton*. *Ré-mi*, *sol-la*, présentent également le Ton de *sol* majeur, celui d'*Ut* majeur, et celui de *la* mineur; et présenter plusieurs Tons à-la-fois, c'est n'en présenter aucun; ce qui est absolument contraire au jugement et à la raison. Car que notre ame soit émue par les mots d'une langue, ou par les *sons* de la Musique,

---

(1) Quand je dis que le *sol* descend à *mi*, je veux dire que la Partie qui fait le *sol*, fait ensuite le MI. Cette manière de s'exprimer étant plus abrégée, je continuerai d'en faire usage.

elle repousse également toute espèce d'ambiguité; elle veut enfin que la porte soit ouverte ou fermée; et comme ce serait vouloir l'impossible que de prétendre qu'elle fût tous les deux à-la-fois, ce serait se montrer également déraisonnable que de vouloir faire entendre deux Tons différens ensemble; car ce qui fait qu'un ton n'est pas l'autre, est précisément ce qui détermine le Ton, et s'oppose à ce qu'il en puisse exister deux à-la-fois.

Par exemple, le *fa* naturel empèche que la série *sol*, *la*, *si*, *ut*, *ré*, *mi*, *fa*, ne soit dans le Ton de *Sol* majeur, et fait que cette série est exclusivement dans le Ton d'*Ut* majeur. Le *si* naturel est ce qui empêche que cette même série ne soit en *fa* majeur, et ainsi des autres.

(*Il faut bien observer qu'on ne parle ici que du genre diatonique, car* sol, la, si, ut, ré, mi, fa, *pourrait être en* Sol *chromatique ou en* Fa *chromatique.*)

Il faut que le Ton soit toujours décidé par ce qu'on entend ou par ce qu'on vient d'entendre, sans quoi l'on parle d'une manière peu intelligible, et il y a défaut de clarté et galimathias.

Il faut donc éviter de faire deux Quintes justes de suite, par mouvement semblable, et sur-tout dans les parties les plus saillantes: comme de la *basse* avec le *dessus*. Il faut même s'en abstenir dans les parties intermédiaires, parce que deux parties à la quinte juste sont trop indépendantes l'une de l'autre, et par conséquent destructives de l'*Unité*. Il n'est qu'une exception à cette règle, et la majeure partie des grands-maîtres semble même n'en reconnaître aucune, ce qui est peut-être pousser trop loin le scrupule, et se montrer l'esclave de la lettre de la loi, tandis qu'il suffirait d'en remplir l'esprit. Cependant, en ceci comme en bien d'autres choses, il vaut mieux se montrer timide que trop hardi, puisque la stricte observation y est sans inconvénient, et que le relâchement en a plus d'un.

On ne doit pas non plus faire entendre plusieurs Quartes justes de suite sur la Basse; elles détruisent presqu'autant l'impression de l'*Unité* de Ton, qu'une suite de Quintes justes. Il y a cependant cette différence essentielle entr'elles, c'est que les Quintes sont proscrites de quelque manière qu'elles soient placées, tandis que les Quartes sont très-admissibles quand elles se font de la partie intermédiaire avec le dessus. Alors les deux parties supérieures étant consonnantes avec la basse (puisque le dessus en fait la sixte, et la seconde partie la tierce), l'effet des Quartes y est assez atténué pour ne plus détruire l'impression de l'Unité de Ton.

Il faut encore s'abstenir de faire plusieurs Octaves de suite par mouvement semblable dans les parties extrêmes, comme à la Basse et au Dessus, parce qu'elles sont destructives de la *Variété*, à moins que toutes les parties ne fassent les mêmes notes dans la même ou dans différentes octaves. Dans ce cas, il y a en quelque sorte cessation d'Harmonie; les octaves étant regardées comme synonymes des unissons, ce qu'elles ne sont pourtant pas; car il paraît, au contraire, certain que les Grecs n'ont connu d'Harmonie que celle qui résulte de ces mêmes octaves.

Quand le Dessus et la Basse font plusieurs octaves de suite, et que les Parties intermédiaires sont différentes, on pèche tout-à-la-fois contre la *Variété* et contre l'*Unité*.

On pèche contre la Variété, en faisant entendre inutilement les mêmes notes à la Basse et au Dessus. Ces notes pèchent contre l'Unité, parce que deux parties trop éloignées ne font point corps, ne forment point un ensemble assez complet, mais deux chants distincts, qui ne sont ni assez semblables pour former *Unité*, ni assez dissemblables pour établir la *Variété*. Ainsi donc, tout s'explique au moyen de ces deux lois fondamentales, et l'art cesse d'être livré à l'arbitraire ou à des règles éparses sans liaison, comme sans base. La raison vient ici à l'appui de l'oreille, et la sensation de l'une n'est jamais contrariée par le jugement de l'autre. Jusqu'ici on s'est soumis, en quelque sorte, aux règles comme *Galilée* à l'inquisition. Il se disait à lui-même, tout en abjurant, en apparence, l'opinion que c'est la terre qui tourne autour du soleil, « *e pur si muove*, cependant, elle se meut. Et l'oreille disait aux fausses règles : Cependant cela est bon ».

De l'UNITÉ, de la VARIÉTÉ et de l'ATTRACTION ou *affinité*, il naît quatre règles secondaires.

La première, que la résolution naturelle des Notes d'un Accord antécédent doit se faire, pour chacune d'elles, sur l'une ou l'autre des notes du Conséquent avec lesquelles elles sont en contact.

La seconde, que la note de l'Antécédent qui se trouve entre deux notes du Conséquent, va de préférence à celle qui n'est qu'à un semi-ton d'intervalle, parce qu'elle est plus attirée par celle-ci que par celle qui est à la distance d'un ton ; mais si elle est à un ton de l'une ou de l'autre, la Variété ou l'Unité décide, ou laisse libre du choix.

La troisième, que deux parties pouvant faire la même Note de l'Antécédent à l'unisson ou à quelque octave que ce soit ; si cette Note n'aboutit qu'à une seule du conséquent, il n'y a alors qu'une partie qui se sauve ; l'autre va à celle des notes du Conséquent que demande l'Unité ou la Variété.

Dans le cas où la Note de l'Antécédent se trouve entre deux notes du Conséquent, l'une des deux parties sauve cette note en montant, et l'autre en descendant ; cependant l'une ou l'autre des deux parties peut s'abstenir de sauver cette note, et passer à celle du Conséquent que réclame la Variété ou l'Unité.

La quatrième, que quand une Note est commune aux deux Accords de la Cadence, la partie qui fait cette note n'a point de mouvement à faire. Mais si deux parties différentes font cette même note à l'unisson ou à telle octave que ce soit, alors l'une des parties demeure en place, et l'autre va librement à celle des notes du Conséquent qu'exigent l'Unité et la Variété.

Il n'y a donc point de liberté absolue pour quelque Note que ce soit ; et dès qu'un premier accord s'est fait entendre, tout doit marcher conséquemment de l'un à l'autre : c'est ce que les exemples suivans vont éclaircir.

Analyse de la seconde cadence Sol, *si*, *ré*, *sol*-si, ré, fa, *qui est une cadence à la Tierce*. (Pl. 6, fig. E.)

Au premier dessus (1), le *sol* descend à *fa*, seule note du Conséquent qui l'attire, parce que c'est la seule avec laquelle il soit en contact. (Règle première.)

Au deuxième, le *ré* reste en place, parce qu'il est commun aux deux accords, et par-là même, il serait libre d'aller à quelque note du Conséquent que ce fût : il pourrait ici passer au *si* sans rien changer à la Basse ni au premier Dessus, mais seulement au troisième, qui, dans ce cas, passerait à *ré*. (Règle quatrième.)

Au troisième, le *si* de l'Antécédent passe au *si* du Conséquent. (Règle quatrième.)

A la Basse, le *sol* passe à *si*, comme marche fondamentale, mais il pourrait passer à toute autre note du Conséquent, si elles n'étaient prises par les autres parties. (Règle troisième.)

Analyse de la troisième cadence. (Pl. 6, fig. E.)

Sol, *si*, *ré*, *sol*.—*Ut*, *sol*, *ut*, *mi*.
Antécédent. Conséquent.

Cadence à la quarte et parfaite.

Au premier Dessus, le *sol* passe à *mi* par la quatrième règle.

---

(1) Pour abréger, je dirai au premier, au deuxième, au troisième, en sous-entendant *Dessus*. Pour la quatrième partie, je dirai *à la Basse*. Quand je dirai simplement *au Dessus*, ce sera toujours du premier dont il sera question.

Au deuxième, le *ré* va à *ut* ou à *mi* du conséquent, par la deuxième règle.

Au troisième, le *si* va à *ut*, par la première règle.

A la Basse, le *sol* va à *ut*, par la quatrième règle.

Nota. Le *sol* qui est à l'Accord Conséquent suppose que le *ré*, qui est à l'Antécédent, est employé dans deux ou trois parties différentes; que l'une va au *mi*, l'autre à l'*ut*, et la troisième au *sol*, par la troisième règle.

Analyse de la quatrième cadence sol, si, ré, sol.— ré, la, ré, fa. (Pl. 6, fig. E.) *Cadence à la quinte; imitation de l'imparfaite.*

Au premier, *sol* se sauve par *fa* et non par *la*, par la deuxième règle.

Au deuxième, le *ré* de l'Antécédent passe au *ré* du Conséquent, par la quatrième règle.

Au troisième, le *si* descend à *la* par la première règle.

A la basse, le *sol* descend à *ré*, par la troisième règle.

Analyse de la cinquième cadence sol, si, ré, sol —mi, si, mi, sol. (Pl. 6, fig. E.) *Cadence à la sixte.*

Au premier, le *sol* de l'Antécédent passe au *sol* du Conséquent, par la quatrième règle.

Au deuxième, *ré* passe à *mi*, qui le sauve et l'attire. Règle première.

Au troisième, *si* passe à *si*, par la quatrième règle.

A la Basse, *sol* passe à *mi*, par la quatrième règle.

Analyse de la sixième cadence : sol, sol, si, ré — fa, la, ut, fa. (Pl. 6, fig. E.) *Cadence à la septième.*

Au premier, *ré* passe à *fa*, pour éviter les deux quintes justes qui résulteraient de $\frac{\textit{ré, ut}}{\textit{sol, fa}}$. La salvation n'a pas lieu ici, parce qu'elle n'est que secondaire, et doit être sacrifiée à la *loi* de l'*Unité*, qui est fondamentale et sans exception.

La salvation n'est qu'un moyen d'atteindre à l'*Unité :* or, quand le moyen ne va pas au but, il ne faut pas changer le but, mais le moyen.

Au deuxième, le *si* monte à *ut*, et ne descend point à *la*, par la raison que le troisième Dessus y monte. (*Variéte.*)

Au troisième, le *sol* monte à *la*, par la troisième règle.

A la Basse, le *sol* descend à *fa*, par la troisième règle.

Analyse des six cadences formées par le passage de l'accord la, ut, mi *aux six autres, composés de deux tierces.* (Pl. 6, fig. F.)

PREMIÈRE CADENCE.

Cadence à la seconde : la, ut, mi, la — si, ré, fa.

Au premier, *la* passe à *fa*, sans se sauver, parce qu'il est sauvé dans la Basse, par la troisième règle.

Au deuxième, le *mi* descend à *ré* et ne monte pas à *fa*, pour éviter les deux quintes ; car quoique la seconde quinte $\frac{\textit{fa}}{\textit{si}}$ soit fausse, et que celle $\frac{\textit{mi}}{\textit{la}}$ soit couverte, cependant, il vaut encore mieux éviter ces deux quintes admissibles que de les employer ; car, lorsqu'on a à choisir, c'est une sottise que de prendre le pire.

Au troisième, *ut* descend à *si*, par la deuxième règle.

A la Basse, *la* monte à *si*, qui le sauve, qui l'attire et le reçoit.

SECONDE CADENCE.

Cadence à la tierce : la, ut, mi, la — ut, mi, sol. (Pl. 6, fig. F.)

Au premier, le *la* se sauve par *sol*, par la règle première.

Au deuxième, *mi* reste à *mi*, par la quatrième règle.

Au troisième, *ut* reste à *ut*, par la quatrième règle.

A la basse, le *la*, sauvé dans le dessus, et par-là devenu libre à la basse, passe à *ut* sans difficulté. Règle troisième.

TROISIÈME CADENCE.

Cadence à la quarte : la, ut, mi, la — ré, la, ré, fa.

Au premier, le *la* descend au *fa*, par la quatrième règle.

Au deuxième, le *mi* descend à *ré* ou à *mi*, par la deuxième règle.

Au troisième, l'*ut* monte à *ré* par la première.

La basse monte à *ré*, par la quatrième règle.

Nota. Le LA du second accord de la cadence, du Conséquent, enfin, suppose que le *la* du Dessus de l'Antécédant descend à celui-ci, ou que le *mi* est fait par deux parties différentes, dont l'une se sauve, et l'autre, libre, passe à ce *la* du Conséquent.

QUATRIÈME CADENCE.

Cadence à la quinte : la, ut, mi, la — mi, si, mi, sol. (Pl. 6, fig. F.)

Au premier, le *la* descend à *sol :* il pourrait aller à *si*, règle deuxième.

Au deuxième, le *mi* passe à *mi*, par la quatrième règle.

Au troisième, l'*ut* descend à *si*, par la première règle.

A la Basse, le *la* passe à *mi*, par la troisième règle.

CINQUIÈME CADENCE.

Cadence à la sixte : la, ut mi, la — fa, ut, fa, la.

Au premier, *la* passe à *la*, par la quatrième règle.

Au deuxième, *mi* se sauve par *fa*, par la première règle.

Au troisième, *ut* passe à *ut*, par la quatrième règle.

A la Basse, *la* passe à *fà*, par la troisième règle.

SIXIÈME CADENCE.

Cadence à la septième : la, la, ut, mi, — sol, si, ré, sol.

Au premier, *mi* passe à *sol*, pour éviter les deux quintes justes de suite.

La salvation y est sacrifiée à l'Unité.

Au deuxième, *ut* passe à *ré*, malgré qu'il soit

encore plus attiré par *si*; mais le *la* du troisième Dessus y passant, *ut* se sauve par *ré*, pour la *Variété*.

Au troisième, *la* passe au *si* et non au *sol*, réservé pour la basse.

A la basse, *la* se sauve par *sol*, et non par *si*, parce que le troisième Dessus s'en est emparé, du consentement de la basse, qui a la préférence quand il y a un choix à faire. Ce qui a déterminé à faire passer ici la basse à *sol* plutôt qu'à *si*, c'est que, dans toutes les cadences précédentes, on a mis la note fondamentale à la basse.

Rameau a eu tort de se servir du mot *Basse-fondamentale;* il aurait dû employer l'expression *Note fondamentale*, par la raison que basse-fondamentale suppose que c'est toujours la basse qui fait la *note* fondamentale, tandis que le contraire arrive le plus souvent, soit par choix, soit par nécessité.

Le mot *Basse-fondamentale* renferme donc la désignation exclusive d'une partie; celui de *Note fondamentale* n'emporte que l'idée d'une note sur laquelle on a bâti primitivement un accord, et qu'on replace, par la pensée, au-dessous de toutes les autres notes, quand celle-ci occupe une autre place sur le papier; ce qui arrive dans chaque renversement d'un accord quelconque, quand il a lieu pour la Basse comme pour les autres parties.

Le second tort de *Rameau*, c'est d'avoir voulu asservir cette *Basse-fondamentale* à ne faire que tels et tels mouvemens, tandis qu'il n'en est aucun qui ne lui soit permis; ce qui ne veut cependant pas dire qu'ils soient tous également agréables à l'oreille, mais admissibles en bonne Composition. Si *Rameau* s'était donné la peine d'examiner seulement le genre diatonique en entier, il aurait vu que la Basse-fondamentale procède nécessairement par seconde, en descendant comme en montant; mais s'il eût approfondi le *Genre chromatique*, c'est alors qu'il se fût doublement convaincu de la fausseté et de la puérilité des règles qu'il a tracées sur la marche de la Basse-fondamentale. On s'en convaincra facilement quand je traiterai de ce genre.

Analyse des six Cadences formées par le passage de l'accord imparfait sensible diatonique, si, ré, fa, *aux six autres accords, composés de deux tierces.*

PREMIÈRE CADENCE.

Cadence à la sesonde, Si, *ré*, *fa*, *si*. — Ut, *ut*, *mi*, *sol*.

Au premier Dessus, le *si* ne peut descendre tout simplement au *sol* sans blesser l'oreille, parce que, dans ce cas, il est *note sensible* bien décidée. Ce qui la rend telle, c'est le *si* et le *fa* entendus ensemble dans l'Antécédent d'une cadence qui se termine sur l'accord parfait de la Tonique. Or, pour se dispenser de sauver le *si* par *Ut*, il faut produire une nouvelle impression, qui fasse oublier à l'oreille la première qu'elle a reçue, ou en atténue l'effet à tel point qu'elle puisse voir, sans répugnance, ses premiers desirs trompés.

Pour cela, il y a deux moyens à employer; l'un pris dans l'Harmonie; l'autre, dans la Mélodie. Le moyen fourni par l'Harmonie est de passer à une autre note du même accord, prise au-dessus de la note sensible, comme *si*, *ré* (*Pl.* 6, *fig.* G.)

On voit que, dans ce cas, on diminue le *si* de toute la durée qu'on donne au *ré*.

Le second moyen est de prendre la note intermédiaire, la note de Mélodie, en passant du *si* au *la* et du *la* au *sol*, au lieu d'aller tout crûment de *si* à *sol*.

DEUXIÈME CADENCE.

Cadence à la tierce : Si, *ré*, *fa*, *si*. — Ré, *fa*, *la*.

Au premier, *si* descend à *la*, par la première règle.

Au second, *fa* passe à *fa* : quatrième règle.

Au troisième, *ré* passe à *ré* : quatrième règle.

A la Basse, *si* passe à *ré*, parce qu'il est sauvé au Dessus : troisième régle.

TROISIÈME CADENCE.

Cadence à la quarte : Si, *ré*, *fa*, *si*. — Mi, *mi*, *sol*, *si*.

Au premier, *si* passe à *si* : quatrième règle.

Au second, *fa* passe à sol, quoiqu'il passât plus naturellement à *mi*, puisqu'il n'en est qu'à un semiton; mais le *ré* n'aboutissant qu'à *mi*, il faut bien le lui céder : c'est une exception à la seconde règle.

Au troisième, *ré* va à *mi* par la première règle.

A la Basse, *si* va à *mi*, par la quatrième règle.

QUATRIÈME CADENCE.

Cadence à la quinte, Si, *ré*, *fa*, *si* — Fa, *ut*, *fa*, *la*.

Au premier, *si* descend *forcément* à *la*, quoiqu'il soit entre *la* et *ut*, et plus près d'*ut* que de *la*. Mais une octave, suivie d'une quinte juste, en comptant du premier Dessus sur la Basse, étant tout à-la-fois contraire à l'*unité* et à la *variété*, il faut s'abstenir soigneusement de l'emploi consécutif de ces deux intervalles, *par mouvemens semblables*, et *dans la même cadence*. On peut employer consécutivement l'*Octave* et la *Quinte* par mouvemens semblables ou opposés, pourvu que l'octave soit dans le deuxième accord d'une Cadence, et la Quinte dans le premier accord de la Cadence suivante. C'est-là une règle absolument neuve, et dont *Fux* et ses Commentateurs ne se sont point doutés (1). Quant à *Rameau*, qui ne connaissait que préparer et sauver les Disson-

(1) *Fux* dit : « Allez de la Consonnance parfaite à la parfaite, par mouvemens *opposés* ou *contraires*. » Mais cette règle n'est admissible, ici, qu'avec la restriction que le premier accord sera le second d'une Cadence, et que le second sera le premier accord de la Cadence suivante; car la Quinte *si*, *fa*, étant une fausse Quinte, et son renversement un Triton, ce Triton ne peut *cadencer*, parce que l'intervalle de Triton ne se trouve pas dans la même voix, dans le *Type musical diatonique*. Chaque série de septième mineure est une voix diatonique, comme *sol*, *la*, *si*, *ut*, *ré*, *mi*, *fa*; *la*, *si*, *ut*, *ré*, *mi*, *fa*, *sol*; *si*, *ut*, *ré*, *mi*, *fa*, *sol*, *la*. Mais *ut*, *ré*, *mi*, *fa*, *sol*, *la*, *si*, est une *voix renversée et fausse*, ainsi que *fa*, *sol*, *la*, *si*, *ut*, *ré*, *mi*, et même *mi*, *fa*, *sol*, *la*, *si*, *ut*, *ré*; toujours à cause du Triton qui, dans le premier exemple, est très-déchirant, parce qu'il termine la série; dans le

nances, il n'imagina jamais, quoiqu'il le pratiquât, qu'il y eût tant de précautions à prendre avec les Coussonnances elles-mêmes. D'où vient cette dernière erreur? De ce que l'on n'a considéré les Consonnances que par rapport à elles-mêmes, et non à l'égard de ce qui les suit. Tout le tems qu'on tient un accord consonnant, il est indépendant; mais au moment où on le quitte, il devient subordonné à l'accord qui lui succède, à moins qu'il n'y ait un silence qui le sépare totalement de l'accord qui vient après.

Les Notes ont entr'elles une subordination réciproque; les Accords, qui sont composés de ces mêmes notes, ne font qu'augmenter cette subordination, en sorte que l'Antécédent de chaque Cadence est toujours subordonné au Conséquent.

Une Consonnance qui est un équilibre, cesse, en quelque façon, d'être Consonnance dès qu'elle se met en mouvement. On peut donc considérer une Consonnance comme les deux bassins d'une balance, chargés également; quand ces deux bassins ne sont pas mis en mouvement, ils gardent leur équilibre, ils sont en repos; mais dès qu'ils sont mis en mouvement, quoiqu'également chargés, ils perdent aussitôt cet équilibre. D'après cette idée, on peut regarder la Dissonnance comme le bassin d'une balance qui est plus chargé que l'autre, et qui, par là même,

---

second un peu moins, parce qu'il la commence; dans le troisième moins encore, parce qu'il est au milieu. *Sol*, *la*, *si*, *ut*, *ré*, *mi*, *fa*, *sol*, *la*, est aussi une VOIX; et c'est pour cette raison, sans doute, que *Gui d'Arezzo* avait étendu son système ou sa Gamme jusqu'à cette série de neuf notes. Il s'est bien gardé d'y en ajouter une de plus: *le Triton était là! Sol*, *la*, *si*, *ut*, *ré*, *mi*, FA, SOL, LA, SI.

est nécessité au mouvement. Dans le premier cas, il y a possibilité et facilité au mouvement; dans le second, il y a nécessité.

Il faut convenir qu'on en use avec les Musiciens comme les maîtres d'arithmétique pure et simple en agissent à l'égard de leurs élèves; ils leur enseignent la manière d'opérer, sans leur donner aucune raison des résultats qu'ils obtiennent au moyen de ces opérations; ensorte que le plus habile négociant en sait moins là-dessus que le plus faible des mathématiciens. Ce négociant, qui chiffre avec une rapidité incroyable, est le routinier qui compose par habitude et sans raisonnement. Mais, dira-t-on, ne vaut-il pas mieux opérer sans raisonner, que raisonner sans opérer? Sans doute, et sur-tout si l'on est poussé par un instinct puissant et générateur; mais il vaudrait bien mieux faire l'un et l'autre; car le raisonnement n'affaiblit point le naturel; il le soutient, l'éclaire et le fortifie, sur-tout quand il nous est assez familier pour ne point retarder la marche rapide du génie. On ne saurait donc trop recommander aux jeunes gens l'étude des vrais principes. Oui, profitez, mes amis, du moment où votre génie,

« Tel que ce ver changeant, qui bâtit son tombeau,
» S'enterre et ressuscite avec un corps nouveau; »

se nourrit sur la feuille.

Préparez-vous à le suivre,

» Quand, le front couronné, tout brillant d'étincelles, »

il doit

» S'élancer dans les airs, en déployant ses ailes. »

VOLTAIRE.

Au premier, le *si* descend au *la*, par les raisons énoncées ci-dessus.

Au second, le *fa* passe à *fa* : quatrième règle.

Au troisième, *ré* descend à *ut* : règle première.

A la Basse, le *si* passe à *fa*, parce que le premier Dessus ayant sauvé *si* par *la*, la Basse peut se soustraire au joug de la salvation.

CINQUIÈME CADENCE.

Cadence à la sixte : Si, *ré*, *fa*, *si* — Sol, *ré*, *sol*, *si*.

Au premier, *si* passe à *si*, par la quatrième règle.

Au second, *fa* se sauve par *sol*, première règle.

Au troisième, *ré* passe à *ré*.

A la Basse, *si* descend à *sol*, par la quatrième règle.

SIXIÈME CADENCE.

Cadence à la septième : Si, *si*, *ré*, *fa* — La, *ut*, *mi*, *la*.

Au premier, *fa* est affranchi de la salvation, pour éviter les deux quintes de suite. Il passe à *la* au lieu de descendre à *mi*. Cependant, ce *fa* ne formant pas une quinte juste sur *si*, mais une fausse *quinte*, quelques auteurs se permettraient de le sauver par *mi*, ce que je n'approuve pas, et qui ne serait bon qu'autant qu'un *sol dièze* ajouté à l'accord, déterminant absolument l'Unité de Ton, ne laisserait plus de doute à l'oreille. Ce ne sont donc pas les deux quintes en elles-mêmes qui fatiguent l'oreille, c'est l'indécision dans laquelle elles la laissent sur le ton où l'on est.

Au second Dessus, le *ré* se sauve par *mi* et non par *ut*, qu'il laisse au *si* du troisième Dessus, politesse que les parties se font mutuellement, pour le bien de la chose.

Au troisième, le *si* se sauve par *Ut* et non par *la*, parce que la Basse s'en est emparée.

A la Basse, le *si* est sauvé par *la* : quatrième règle.

Analyse des six Cadences formées par le passage de l'accord parfait de la Tonique aux six autres accords, composés de deux tierces. (Pl. 6, fig. H.)

PREMIÈRE CADENCE.

Cadence à la seconde : Ut, *mi*, *sol*, *ut* — Ré, *ré*, *fa*, *la*.

Au premier, l'*ut* descend à *la*, parce que, sauvé dans la Basse, il est libre de ce joug.

Au second, *sol* descend à *fa*, et ne monte pas à *la*, pour éviter les deux quintes justes.

Au troisième, le *mi* se sauve par *ré* et non par *fa*, parce que le *sol* est forcé à s'en emparer.

A la Basse, l'*ut* se sauve par *ré*.

DEUXIÈME CADENCE.

Cadence à la tierce : Ut, *mi*, *sol*, *ut* — Mi, *mi*, *sol*, *si*.

Au premier, *ut* se sauve par le *si* : première règle.
Au second, *sol* passe à *sol* : quatrième règle.
Au troisième, *mi* passe à *mi* : quatrième règle.

A la Basse, l'*ut* va à *mi*, parce que, sauvé dans le Dessus, il est affranchi de ce joug à la Basse.

TROISIÈME CADENCE.

Cadence à la quarte : Ut, *mi, sol, ut*—Fa, *fa, la, ut.*

Au premier, *ut* passe à *ut*, comme étant commun aux deux accords.

Au second, *sol* se sauve par *la* et non par *fa*, réservé au troisième Dessus. Cependant, si, au lieu de quatre parties, il y en avait cinq, et que ce fût le *sol* qui fût doublé, alors l'une des deux Parties qui feraient ce *sol*, passerait à *fa*, ou pourrait du moins y passer; car elle aurait la liberté de descendre à l'*ut*.

Au troisième, le mi se sauve par *fa*, par la première règle.

A la Basse, l'*ut* passe à *fa*, par la quatrième règle.

QUATRIÈME CADENCE.

Cadence à la quinte : Ut, *mi, sol, ut*—Sol, *ré, sol, si.*

Au premier, *ut* se sauve par *si* et non par *ré*, parce qu'une quinte ne doit jamais suivre une octave, à moins que ce ne soit par mouvemens contraires, ou dans deux cadences distinctes.

Au second, *sol* passe à *sol* : quatrième règle.

Au troisième, *mi* se sauve par *ré* : règle première.

A la Basse, l'*ut* passe à *sol*, parce qu'il est sauvé dans le Dessus.

CINQUIÈME CADENCE.

Cadence à la sixte : Ut, *mi, sol, ut*—La, *mi, la, ut.*

Au premier, *ut* passe à *ut*, note commune aux deux accords.

Au second, *sol* se sauve par *la.*

Au troisième, *mi* passe à *mi.*

A la Basse, *ut* descend à *la*, parce qu'il est sauvé, ou plutôt soutenu, prolongé ou répété au Dessus.

SIXIÈME CADENCE.

Cadence à la septième : Ut, *ut, mi, sol*—Si, *ré, fa, si.*

Au premier, *sol* passe à *si*, pour éviter les deux quintes distinctes avec la Basse.

Au second, *mi* se sauve par *fa*, par la deuxième règle.

Au troisième, *ut* se sauve par *ré*, par la troisième règle.

A la Basse, *ut* descend à *si*, qui le sauve : troisième règle.

Analyse des six Cadences formées par l'Accord mi, sol, si, *passant successivement aux six autres Accords, composés de deux tierces.*

PREMIÈRE CADENCE.

Cadence à la seconde : Mi, *sol, si mi*—Fa, *fa, la, ut.* (Pl. 6, fig. K.)

Au premier, le Mi ne peut passer tout crûment

à l'*ut* sans blesser l'oreille, mais un peu moins que dans le passage de la note sensible à la quinte. (*Pl.* 6, *fig.* G, 1ere. *cadence.*) Cependant, il convient d'user ici des mêmes moyens, d'atténuer l'effet désagreable que produit une note non sauvée, lorsqu'elle devrait naturellement l'être par le semi-ton au-dessus, s'il ne fallait pas éviter, de préférence, de faire deux octaves de suite, et si cette note n'était elle-même sauvée à la Basse. Il faut donc faire au-dessus la cadence *Harmono-mélodique mi, sol*, ou la *Cadence mélodique mi, ré*, avant de passer à l'accord conséquent.

Au second, *si* passe à *la*, et ne pourrait se sauver là par *ut*, car cela ferait $\frac{si,\ ut}{mi,\ fa}$, deux quintes justes.

Au troisième, *sol* descend à *fa*, et monterait au *la*, si le *sol* ne s'en était emparé.

A la Basse, *mi* se sauve par *fa*, par la première règle.

Les autres Cadences ne présentent que la répétition de ce que nous avons vu dans les précédentes. Je termine ici ces analyses en faisant observer que, dans la troisième cadence de la *Pl.* 6, *fig.* I, où Fa, *la*, *ut*, *fa* passe à Si, *si*, *ré*, *fa*, la Basse ne doit pas monter à *si*, mais y descendre, ainsi que l'exemple le fait voir; et cela, parce que $\frac{si}{fa}$ sort de *l'unité de voix.* (Relisez la note précédente.)

CHAPITRE VIII.

On a vu, dans le chapitre précédent, 1°. que chaque Note a un Accord formé par deux Tierces bâties l'une sur l'autre qu'on nomme *Accord parfait*, excepté celui de la Note sensible, parce qu'il n'est composé que de deux Tierces mineures ; 2°. que chacun de ces Accords peut être suivi alternativement des six autres, ce qui forme, en partant de chaque Note, six Cadences ou Propositions musicales ; savoir : une Cadence à la Seconde, une à la Tierce, une à la Quarte, une à la Quinte, une à la Sixte, et une à la Septième. On va voir, dans celui-ci, qu'on peut former, de suite, sept Cadences à la Seconde, sept Cadences à la Tierce, sept Cadences à la Quarte, sept Cadences à la Quinte, sept à la Sixte et sept à la Septième. (*Pl.* 7.)

Une Cadence à la Seconde est une Proposition musicale dont le Conséquent est à la distance d'une Seconde de l'Antécédent.

Analyse des sept Cadences à la Seconde.

PREMIÈRE CADENCE.

Sol, *si*, *ré*, *sol.* — La, *la*, *ut*, *mi.*
Antécédent. Conséquent.

Au premier Dessus, *sol* descend à *mi*, parce qu'il est sauvé dans la Basse. (Troisième règle.)

Au Second, *ré* se sauve par *ut* et non par *mi*, à cause des deux Quintes justes qui résulteraient de *re sol* et *mi la.*

Au Troisième, *si* est sauvé par *la.* Il devrait se sauver par *ut*, parce qu'il n'en est qu'à un semi-ton; mais le *ré* du Second-Dessus ne pouvant se sauver que par cet *ut*, le *si* le lui cède. Cependant, en retranchant le *la*, on pourrait faire *ut* au Troisième comme au Second-Dessus : c'est ce qui arrive souvent.

A la Basse, *sol* se sauve par *la.* (Règle première.)

L'Analyse de cette Première Cadence à la Seconde, peut servir à expliquer les six autres. La troisième et la sixième Cadences présentent cependant une exception chacune.

On voit à l'Antécédent de la troisième Cadence *si*, *la*, deux Croches au lieu d'un *si* seulement, parce que l'oreille exige que le *sol* du Conséquent soit préparé par ce *la.* Le *si*, dans cet endroit, étant *Note sensible* bien décidée, on ne peut se dispenser de le sauver par *ut* qu'avec cette précaution : c'est un second effet, qui détruit l'impression du premier.

La même explication a lieu pour la sixième Cadence, où le *mi* devait naturellement se sauver par *fa.* Cependant, le besoin de détruire l'effet du *mi* par le *ré* est moins urgent que celui de détruire l'effet du *si* par *la* dans la troisième Cadence; parce que le *si* est Note sensible et aboutit à la Tonique, Note principale du Ton, tandis que le *mi* n'est pas Note sensible, et n'aboutit qu'à la Quarte, troisième Note du Ton en dignité.

Analyse des sept Cadences à la Tierce.

PREMIÈRE CADENCE.

Sol, *si*, *ré*, *sol*—Si, *ré*, *fa*. (Pl. 7, fig. B.)

Au Premier, *sol* se sauve par *fa*, par la première règle.

Au Second, *ré* passe à *ré*, par la quatrième règle.

Au troisième, *si* passe à *si*, par la même raison.

A la Basse, *Sol*, qui est sauvé dans le Dessus, passe à *si*, par la troisième règle.

La même explication a lieu pour les six autres Cadences à la Tierce ; il n'y a que les noms des Notes à changer ; non que ces Cadences soient absolument pareilles, mais seulement ressemblantes ; car tantôt une partie y descend ou monte d'un semi-ton, et tantôt d'un ton.

Dans les sept Cadences à la Tierce, le Premier-Dessus descend, cinq fois, d'un ton : *sol-fa*, *si-la*, *ré-ut*, *la-sol*, *mi-ré* ; et il ne descend que deux fois d'un semi-ton : *fa-mi* et *ut-si*. Cela est tout simple, parce que, dans l'étendue de l'échelle Diatonique, il y a cinq intervalles d'un Ton, et deux seulement d'un semi-ton.

Analyse des sept Cadences à la quarte.

PREMIÈRE CADENCE.

Sol, *sol*, *si*, *ré* — Ut, *sol*, *ut*, *mi*. (Pl. 7, fig. C.)

Au Premier, *ré* se sauve par *mi* et non par *ut*, quoique cet *ut* pût le sauver dans une autre distribution de ce même Accord; mais ici, *ré*, sauvé par *ut*, présenterait sur la Basse *sol*, *ut*, une *Quinte juste* et une *Octave*, par mouvemens semblables, ce qu'il faut éviter. En second lieu, le *si* du Second-Dessus n'ayant que l'*ut* pour se sauver, le *ré* doit passer à *mi* pour la variété.

Au Second, *si* se sauve par *ut*, par la règle première.

Au Troisième, *sol* passe à *sol*, par la quatrième règle.

A la Basse, *sol* passe à *Ut*, par la quatrième règle.

(Même explication pour les six autres Cadences à la Quarte.)

La première de ces sept Cadences est appelée *Cadence parfaite*, et les six autres *imitations de la Cadence parfaite*. Chaque imitation est d'autant plus parfaite, qu'elle diffère moins de la première Cadence, par les intervalles qui composent son Antécédent et son Conséquent. La seconde Cadence est toute semblable à la première Cadence; c'est un Accord parfait majeur, qui tombe sur un Accord parfait majeur dans l'une comme dans l'autre. Cependant l'une n'est pareille à l'autre qu'au physique (1). Au moral, ou métaphysique, il y a une

---

(1) Il y aurait physiquement aussi une différence de l'une à l'autre, sans le TEMPÉRAMENT, qui est un moyen terme pris avec l'oreille pour l'accord des instrumens, qui ne pourrait être parfait qu'autant qu'on se restreindrait à ne jouer que dans un seul Ton. Afin de pouvoir jouer dans tous, on sacrifie une légère partie de la perfection de chacun d'eux. C'est donc un Tempérament pris entre la délicatesse de l'oreille ou le Type de la Musique, et l'imperfection des ins-

grande différence ; et cette différence tient à la HIÉRARCHIE, à la subordination des Notes entr'elles. Dans la première Cadence, c'est l'Accord parfait de la Dominante, la seconde Note en dignité, qui amène celui de la Tonique, première Note en dignité, ce qui est d'une importance plus grande que le passage de la Troisième Note en dignité à la première; car la quatrième Note du Ton, dans la Gamme vulgaire, n'est la troisième Note en dignité dans celle de la Nature, que parce que cette Note la borne à l'aigu, comme la Dominante la borne au grave.

Mais la Dominante, ou plutôt la corde dont elle est le son le plus grave, a, par-dessus celle-ci, qu'elle engendre toutes les Notes qui composent le Ton, ensorte que la Cadence *sol*, *si*, *ré* — *ut*, *mi*, *sol*, n'est que le passage des premiers sons aux derniers du genre Diatonique, engendrés par la Corde *sol*. C'est le *principe et la fin;* et, comme je l'ai déja dit, c'est-là ce qui rend cette Cadence si parfaite, si concluante.

Mais la *Cadence parfaite*, elle-même, n'a pas toujours la même influence; elle n'a toute sa force qu'à la fin de chaque période musicale. Pour avoir

---

trumens; imperfection qu'on ne pourrait faire disparaître sans compliquer les instrumens au point de les rendre injouables. C'est sur-tout du Piano, de la Harpe et des instrumens *à vent* dont il est question ici. Ceux *à archets*, tels que le Violon et la Basse, l'Alto et la Contre-Basse, sont susceptibles d'une plus grande perfection d'intonation, parce que les Doigts pouvant se rapprocher ou s'éloigner à volonté sur les cordes de ces instrumens, ils atteignent toute la perfection possible, quand ils sont conduits par une oreille excellente, par une bonne et longue habitude.

une image sensible de cette différence, il faut faire attention que la TONIQUE, cette REINE du Ton, n'exerce particulièrement sa dignité de Reine que dans le début d'un morceau et dans les repos de phrase et de période, orsqu'elles sont terminées par la Cadence parfaite. Dans tout autre endroit, la Tonique n'est pas en représentation; elle n'a point le sceptre en main, la couronne sur la tête : son effet doit donc être diminué de tout ce qu'a d'imposant l'appareil de la puissance.

On voit la même chose à peu près dans la période grammaticale. Quel empire n'y exerce pas le *substantif*, quand il est le *nominatif* de la phrase? Il devient centre, tout se coordonne d'après lui, tout s'y revêt de ses couleurs.

Analyse des sept Cadences à la Quinte.

PREMIÈRE CADENCE.

(1). FA, *la*, *ut*, *fa* — UT, *sol*, *ut*, *mi*.
Antécédent. Conséquent.

Au premier Dessus, *fa* se sauve par *mi*, et non par *sol*; d'abord, parce qu'il ne descend que d'un semiton en passant à *mi*; 2°. parce que *fa*, *sol*, / *fa*, *ut*, formeraient une Octave et une Quinte justes par mouvemens semblables, et dans les parties extrêmes, ce qui est une faute très-grave, parce que c'est pé-

(1) Je commence cette suite de Cadences par la quatrième Note du Ton, pour que toutes les bonnes Cadences se trouvent de suite, et que les deux qu'il faut rejeter soient à la fin.

cher contre l'*Unité* de Ton, qui est la loi suprême et sans exception.

Au Second, *ut* passe à *ut*, par la quatrième règle.

Au Troisième, *la* ne touchant qu'au *sol* du Conséquent, il ne peut se sauver que par ce *sol*.

A la Basse, *fa*, sauvé dans le Dessus, et par-là devenu libre, passe à *ut* sans difficulté.

Le même raisonnement s'applique aux quatre Cadences qui suivent celles-ci. Les deux autres sont mauvaises, parce que la première a pour Conséquent l'Accord imparfait *si*, *ré*, *fa*, ayant pour basse *si*, avec lequel *fa* forme une *fausse Quinte*. Cette Cadence est très-praticable, quand, au lieu de mettre *si* au Conséquent, on y met *fa*. Mi, *sol*, *si*, *mi* — Fa, *fa*, *si*, *ré*. Tous les autres renversemens de cet Accord peuvent aussi être employés.

Quant à la dernière Cadence Si, *ré*, *fa*, *si* — Fa, *ut*, *fa*, *la*, elle a l'inconvénient de placer, successivement à la Basse, *si* et *fa*, qui forment une fausse Quinte dans le Dessus *si*, *la*, qui fait entendre le *Triton*, quoique le *si* ne frappe pas avec *fa*. Il faut donc en user avec cette Cadence comme avec la précédente, et n'employer que les renversemens. Il faut, à la Basse, sauver *si* par *Ut*, et, dans les autres renversemens, faire, à l'égard de la Basse, ce qu'on fait par rapport aux autres Parties.

Analyse des sept Cadences à la Sixte.

PREMIÈRE CADENCE.

Sol, *sol*, *si*, *ré* — Mi, *sol*, *si*, *mi*.

Au premier Dessus, *ré* se sauve par *mi*, par la première règle.

Au Second, *si* passe à *si*, par la quatrième règle.

Au Troisième, *sol* passe à *sol* par la même raison. Si l'on voulait donner du mouvement à la seconde et à la troisieme Parties, le *si* du Second Dessus pourrait passer à *sol*; et le *sol* du Troisième pourrait passer à *si*. Ceci est une règle générale pour toute Note qui est commune à l'Antécédent et au Conséquent.

A la Basse, *sol* descend à *mi*, parce qu'il en a la liberté, comme étant une Note commune aux deux Accords.

Le même raisonnement est applicable aux six autres Cadences à la Sixte.

Analyse des sept Cadences à la Septième.

PREMIÈRE CADENCE.

Sol, *sol*, *si*, *ré* — Fa, *la*, *ut*, *fa*.

Au Premier Dessus, *ré* passe à *fa*, ne pouvant se sauver par *ut*, qui formerait une seconde Quinte juste. Dans tous ces cas, il serait bon d'amener ce *fa* par une cadence Mélodique, en mettant un *mi* entre le *ré* et le *fa*, et en faisant deux croches de *ré*, *mi*. Le reste suit la marche ordinaire.

La croix qu'on voit à l'Accord Si, *ré*, *fa*, *si*, indique que cette résolution est peu satisfaisante; on y entend la fausse Quinte *si*, *fa*, et le Triton *fa*, *si*, ce qui forme un repos qui n'en est pas un. Il convient sur-tout, alors, de préparer le *si* par une Cadence Mélodique, ou de sauver l'*ut* de la Basse par *ré* et non par *si*.

OBSERVATIONS.

MÉLODIE, HARMGNIE,

Chapitre 4, page 33.

C'EST par déférence pour les opinions reçues, que j'ai dit un mot de la Mélodie avant de parler de l'Harmonie; car, comme je l'ai fait remarquer précédemment, l'Harmonie est la sœur aînée de la Mélodie. En effet, qu'arrive-t-il quand une *Corde sonore*, nommée SOL, est mise en vibration? Elle rend les sons *sol*, *si*, *ré*, *fa*, *la*, *ut*, *mi*, *sol*. Qu'est-ce que cette série de sons? Une suite de sept Tierces diatoniques, dont trois majeures, *sol-si*, *fa-la*, *ut-mi*, et quatre mineures, *si-ré*, *ré-fa*, *la-ut*, *mi-sol*. Que sont ces Tierces? Les élémens de l'Harmonie et des Accords.

Que produit, ensuite, la Corde SOL, mise en vibration? Les Octaves des Notes *sol*, *si*, *ré*, *fa*, *la*, *ut*, *mi*, dont les quatre premières, *sol*, *si*, *ré*, *fa*, en s'intercallant entre *la*, *ut*, *mi*, de la première émission, forment la série *sol*, *la*, *si*, *ut*, *ré*, *mi*, *fa*. Qu'est-ce que cette série? Une suite de six intervalles de secondes, dont quatre majeures, *sol-la*, [illegible] *-ré*, *ré-mi*, et deux mineures, *si-ut*, *mi-fa*.

Que sont ces secondes? Les élémens de la Mélodie. Pourrait-on étendre cette série à sept secondes? Oui, en ajoutant *sol*, *la* à l'Octave, ce qui ferait *sol*, *la*, *si*, *ut*, *ré*, *mi*, *fa*, *sol*, *la*. C'est ce que

Gui avait fait, et j'appelle cette série UNE VOIX. Qu'est-ce qu'*une voix?* Une voix Mélodique est la série complette de tous les sons conjoints que l'on peut entonner de suite, en évitant les trois tons pleins. La série *sol*, *la*, *si*, *ut*, *ré*, *mi*, *fa*, qui contient les sept Notes, est bien une voix; mais cette voix ne présente pas toutes les propositions mélodiques possibles, comme celle *sol*, *la*, *si*, *ut*, *ré*, *mi*, *fa*, *sol*, *la*.

Qu'est-ce qu'une Proposition mélodique? C'est le passage d'une Note à la suivante, quand elle forme un sens avec elle.

EXEMPLE: *Sol* (étant *isolé*, pour ne pas répéter la même Proposition à l'Octave), *la*, *si*, est une Proposition ascendante; *ut-ré* aussi; *mi-fa*, de même; *sol*, *la*, de même: *sol*, *fa*, est une proposition descendante; *mi-ré*, aussi; *ut-si*, de même, et *la-sol*, de même.

En répétant chaque Note, on multiplie ces Propositions: *sol-la*, *la-si*, *si-ut*, *ut-ré*, *ré-mi*, *mi-fa*, *fa-sol*; en descendant: *sol-fa*, *fa-mi*, *mi-re*, *mi-ré*, *ré-ut*, *ut-si*, *si-la*, *la-sol*. Il y a, comme on voit, sept Propositions mélodiques ascendantes et sept descendantes. Une voix Harmonique est SOL: *si-ré*, *fa-la*, *ut-mi*, *sol-mi*, *ut-la*, *fa-ré*, *si-sol* (1).

(1) La Gamme qu'on donne pour principe à la Musique, n'en est pas une. Ce n'est ni une série première de Sons, ni une série régulière. Combien cette seule Gamme fait naître d'idées fausses, dont les plus grands Musiciens eux-mêmes ont peine à se défendre! Les élèves auxquels on la présente comme une chose première et fondamentale, sont induits en erreur dès leurs premiers pas dans la Musique; car c'est le

En répétant : *sol-si*, *si-ré*, *ré-fa*, *fa-la*, *la-ut*, *ut-mi*, *mi-sol*, *sol-mi*, *mi-ut*, *ut-la*, *la-fa*, *fa-ré*, *ré-si*, *si-sol*. Dans la Voix-Harmonique, il faut y éviter les deux septièmes majeures, comme on évite les trois Tons pleins de suite dans la *Voix-Mélodique*, parce qu'elles détruisent l'*Unité de Voix*. Il ne faut donc pas faire *fa*, *la*, *ut*, *mi*, *sol*, *si*, où il y a *fa*, *mi*, *ut*, *si*, pas plus que *fa*, *sol*, *la*, *si*.

Quand la *Corde génératrice* s'est divisée, 1°. en Tierces Diatoniques majeures et en Tierces Diatoniques mineures; 2°. en Secondes Diatoniques majeures et en Secondes Diatoniques mineures; elle se divise ensuite en Secondes chromatiques majeures et en Secondes chromatiques mineures. La Corde, divisible à l'infini, ou comme à l'infini, ne s'en tient pas là; mais nous, nous sommes obligés de nous arrêter, même avant ce terme, par rapport à notre oreille, qui est bornée, et à nos instrumens, qui le sont encore davantage. C'est ainsi qu'au-dessous de certain diamètre nos yeux ne peuvent plus distinguer les objets; mais le microscope vient au secours de l'œil, et rien ne vient au secours de l'oreille que la grande habitude, jointe à une grande attention.

Qu'arriverait-il, si nos yeux devenaient tout-à-coup

---

renversement de l'ordre qu'on leur offre au lieu de l'ordre lui-même. On sent quelle confusion doit naître de cette interversion de la Gamme de la nature, où le second tétracorde est à la place du premier. Si l'instinct ou le sentiment de l'oreille n'était plus fort que les faux principes et les mauvais exemples, les bévues seraient bien plus multipliées encore qu'elles ne le sont.

de vrais et excellens microscopes? Qu'il nous faudrait recommencer notre éducation visuelle; qu'il nous faudrait recommencer à apprendre à voir, par la raison que les objets nous présentant alors un très-grand nombre de faces nouvelles, il faudrait refaire pour notre imagination chaque type de ces objets; car ils seraient dès-lors méconnaissables pour nous. Si nos oreilles devenaient aussi, tout-à-coup, sensibles à un degré beaucoup au-dessus de celui qui nous est propre, alors nous aurions également besoin de rapprendre à entendre. Nous en avons une preuve dans les hommes qui n'ont jamais entendu que des airs simples, et sans aucune espèce d'accompagnement. Si l'on vient à leur jouer, avec des accompagnemens un peu travaillés, quelques-uns de ces airs qui leur sont familiers, ils ne les reconnaissent plus, tant ces accompagnemens leur présentent de choses nouvelles pour leurs oreilles. Avec le tems, ils apprennent cependant à abstraire les accompagnemens du chant principal; et ce n'est qu'en les en séparant, ainsi, par la pensée, qu'ils parviennent à retrouver ces Airs perdus, pour eux, dans une multiplicité de Sons qui y étaient étrangers, en apparence, mais qui y appartiennent bien réellement.

SUR LE MOT DIATONIQUE.

D'apres *J.-J. Rousseau* et plusieurs autres, j'ai dit que Diatonique signifie genre de Musique qui procède par Tons. *Dia*, par *Tonos*, Tons; cependant, je suis très-porté à croire que *dia* signifie ici *deux*; car le genre Diatonique est celui où l'on procède par deux Tons de suite et par un semi-ton : *sol, la, si, ut : ut, ré, mi, fa.* Je me fonde sur le mot *dia*-logue, discours dans lequel il y a au moins *deux personnages* qui parlent. *Dia*-mètre, mesure qui contient *deux fois* la longueur du centre à la circonférence. *Dia*-gonale, ligne qui aboutit à *deux angles* opposés. Cette définition exclut donc les trois Tons pleins de suite, et, avec ces trois Tons, la Gamme qui les contient. Cependant, l'oreille passe aisément sur cette défectuosité de notre Gamme, 1°. quand on l'exécute très-vîte, parce qu'alors ce sont les deux extrêmités qui affectent particulièrement l'oreille; 2°. quand on l'exécute très-lentement, parce que la sensation de chaque Ton n'est pas assez rapprochée pour que l'oreille les lie ensemble; 3°. quand on phrase ces trois Tons de manière qu'il s'en trouve deux dans un sens, et le troisième dans le sens qui précède ou suit celui-ci.

SUR LA GÉNÉRATION HARMONIQUE.

Est-ce aux expériences mal faites que nous sommes redevables du faux système généralement adopté sur la Génération harmonique; ou est-ce à ce système que nous devons les fausses expériences? Quoi qu'il en soit, il est dit par-tout que la Quinte et la Quarte sont engendrées avant la Tierce, et que cette Quinte et cette Quarte sont les Consonnances parfaites (1).

C'est-là deux doubles erreurs extrêmement graves, qu'il importe de détruire. Je crois que c'est moins

---

(1) Plusieurs rangent la Quarte parmi les Dissonnances.

aux Musiciens qu'il faut s'en prendre, à cet égard, qu'aux calculateurs. La démangeaison de créer des systêmes et de faire tout càdrer avec les nombres, les a entraînés plus d'une fois au-delà de la vérité. C'est ce qui est arrivé par rapport à la *Génération harmonique*.

Après avoir représenté la Corde entière par le Son principal qu'elle rend en vibrant, dans toute son étendue, par 1, qui signifie l'entier, ils ont représenté l'octave par $\frac{1}{2}$, ce qui est très-bien, puisqu'il faut que la Corde se divise en deux parties égales, pour donner l'Octave du Son principal dans chacune de ses moitiés, $\frac{1}{2}$. Mais voici où l'erreur va naître d'une conséquence juste. Les mathématiciens ont dit : Après l'aliquote $\frac{1}{2}$ doit venir l'aliquote $\frac{1}{3}$. Ce tiers n'est pas la Quinte du Son générateur, mais l'Octave de cette Quinte, car chaque tiers de la longueur d'une Corde, toutes choses étant égales d'ailleurs, donne l'Octave juste de la Quinte du son produit par la Corde entière. Ainsi, d'après l'ordre des aliquotes, voilà donc la Quinte qui a un brevet de primogéniture sur la Tierce. Après $\frac{1}{3}$ vient $\frac{1}{4}$, et ce quart de la Corde, qui est la moitié de la moitié, donne par conséquent la double Octave du son principal; ce Son là est à la Quarte juste du précédent. Voilà donc aussi la Quarte engendrée avant la Tierce. Quelle est la seconde conséquence juste à tirer de là, et qui sera une seconde erreur, c'est que la Quinte et la Quarte sont deux Consonnances parfaites, parce qu'elles sont engendrées, ainsi que l'Octave, avant la Tierce, qui n'est qu'une Consonnance imparfaite.

On voit donc, 1°. que du besoin de faire suivre

les aliquotes $\frac{1}{2}$, $\frac{1}{3}$, $\frac{1}{4}$, $\frac{1}{5}$, on en a conclu la primogéniture de la Quinte et de la Quarte sur la Tierce. 2°. Que l'on conclut de cette Primogéniture que la Quinte et la Quarte sont des Consonnances parfaites. Pour se convaincre que cette primogéniture de la Quinte et de la Quarte sur la Tierce, est une erreur, il suffit d'écouter attentivement les Harmoniques d'une Note grave du Piano, si l'on a l'oreille assez fine pour les discerner; sinon, on peut s'en assurer sur un Violoncelle, sur le Monocorde ou sur un Violon, en faisant résonner une des Cordes de l'instrument avec l'archet, en le promenant sur la Corde un peu loin du chevalet; car, très-près du chevalet, on n'obtient que les Harmoniques les plus aigus. L'expérience la plus simple et la plus sûre est celle du Piano; elle ne manque jamais, et elle est constamment la même. Sur les autres instrumens, elle manque souvent, faute d'attraper le coup d'archet, qui force la Corde à se diviser, d'une manière très-sensible, dans les aliquotes qu'on en veut tirer. Il est donc très-utile de s'exercer à entendre ces Sons harmoniques au Piano, pour s'instruire par soi-même de la vérité. Le droit d'aînesse ravi à la Quinte et à la Quarte, au profit de la Tierce, il s'ensuit qu'elles ne doivent plus être rangées parmi les Consonnances parfaites.

Mais, si l'on me niait la vérité de l'expérience faite au Piano et sur les autres instrumens, comment faudrait-il faire pour prouver que la Tierce naît avant la Quinte et la Quarte? Le voici : comme il pourrait se faire que dans les Musiciens ou dans les philosophes qui raisonnent sans être Musiciens, l'esprit de système en imposât à l'oreille, j'appellerai un Musicien qui ignore la théorie ou un enfant bien organisé pour la Musique, et je lui ferai entendre alternativement une Quinte, une Quarte et une Tierce, et je lui demanderai, de ces trois ensembles de Sons, lequel lui fait le plus de plaisir. Il n'y a pas de doute qu'il ne réponde que c'est la Tierce. La Quinte lui plaira peu, et la Quarte le choquera. Je concluerai de-là que la Tierce est plus Consonnante que la Quinte, et que si la nature est conséquente et met de la graduation dans ses opérations, elle doit engendrer la Tierce immédiatement après l'Octave, parce qu'aucun intervalle n'est aussi consonnant qu'elle, après l'Octave, que l'on reconnaît pour le premier Harmonique. En partant de la Consonnance parfaite pour arriver à la Dissonnance, j'aurai cette graduation :

L'*Octave*, Consonnance parfaite ; la *Tierce majeure* (ou dixième), Consonnance imparfaite ; la *Quinte* (ou douzième), Demi-Consonnance ; la *Septième mineure* (ou quatorzième), Dissonnance la moins dissonnante. Voilà qui s'accorde avec le sentiment de l'oreille, avec la pratique, avec la raison, avec la nature, et avec la conséquence qu'on doit supposer que le CRÉATEUR a mis dans ses ouvrages. Et voici comme il faut représenter ces intervalles en chiffres.

Au lieu de représenter l'Octave par $\frac{1}{2}$, il faut la désigner par $\frac{2}{4}$; car deux quarts réunis font bien une moitié, la Tierce au-dessus par $\frac{2}{5}$, la Quinte par $\frac{2}{6}$, la Septième, par $\frac{2}{7}$, et ainsi de suite. Il est tout simple que la Tierce étant descendue ici d'une Octave, et la Corde qui la produit ayant le double de la longueur assignée dans les théories connues, soit représentée par $\frac{2}{5}$ au lieu de l'être par $\frac{1}{5}$; que, pour tout réduire au même Dénominateur, il est clair que la Quinte doit être représentée par $\frac{2}{6}$ au lieu de l'être par $\frac{1}{3}$; que la Septième, descendue d'une Octave, est naturellement représentée par $\frac{2}{7}$ au lieu de l'être par $\frac{1}{7}$.

Ce n'est donc pas moi qui ai classé les Consonnances et les Dissonnances, c'est la nature elle-même; et à supposer que la Nature ne les eût pas données par ordre dans le Type musical, il suffirait pour nous qu'elle les eût classées dans notre oreille; car si le Type musical etait en opposition avec nos sensations, il devrait cesser dès-lors de nous servir de base et de modèle. C'est pour cela même que l'abbé *Feytou*, en inventant un prétendu *la*, qu'il écrit *ʅa* (1), en renversant la première lettre du nom de cette Note, a posé pour son système le sceau de la réprobation; car si ce *ʅa* qui est inadmissible en Musique, existait dans la résonnance d'un corps sonore, il suffirait lui seul pour renverser le système établi sur cette *Résonnance*. Mais ce *ʅa* est une fausse interprétation du Type musical, et par conséquent une double erreur.

Le phénomène de la *résonnance du corps sonore* n'est donc le Type de la Musique que parce que tout, dans *cette résonnance*, est absolument d'accord avec nos sensations; et si, par une bisarrerie qu'on ne peut soupçonner dans la Nature, il lui avait plu de former notre oreille sur un principe opposé à ce

(1) Voyez le volume de Musique de l'Encyclopédie méthodique, article *Basse-Fondamentale*.

Type, il nous deviendrait, dès-lors, totalement étranger.

Voici à quoi l'on peut infailliblement reconnaître une Consonnance ; c'est quand elle peut se renverser sans cesser d'être consonnante. Il n'y a que l'Octave, la Tierce, majeure ou mineure, et la Sixte, majeure ou mineure, qui aient cette prérogative ; l'Octave devient Unisson, la Tierce devient Sixte, et, réciproquement, la Sixte devient Tierce.

La *Quinte*, en se renversant, devient *Quarte*, et de Demi-Consonnance qu'elle était, elle devient Demi-Dissonnance ; nouvelle preuve certaine qu'elle n'est pas une *Consonnance parfaite*, mais même une *Consonnance imparfaite*. C'est moi qui leur impose ces noms, j'en conviens, mais c'est d'après leur effet. Il n'y a donc que des oreilles mal organisées, des oreilles..... qui puissent contester ces vérités.

Il n'y a donc qu'une seule Consonnance parfaite ; l'Octave, parce que ce qui est parfait est un, et n'admet ni nombre ni degré.

Il y a plusieurs Consonnances imparfaites, les Tierces et les Sixtes majeures ou mineures, parce que ce qui est imparfait admet pluralité et degrés. Il n'y a qu'une Demi-Consonnance, la Quinte ; et une Demi-Dissonnance, la Quarte, parce que ce sont les seuls intermédiaires entre la Consonnance et la Dissonnance.

Ce qui est parfait ne peut admettre aucune modification ; c'est pourquoi l'Octave ne souffre pas qu'on la tempère ; c'est-à-dire, qu'on la baisse un peu.

La Quinte souffre d'être affaiblie ; donc, encore une fois, la Quinte n'est point une *Consonnance parfaite :* la perfection est le véritable point, plus bas, il n'est point atteint; plus haut, il est dépassé. Mais les Grecs regardaient la Quarte elle-même comme une Consonnanee parfaite. Cela est vrai; mais n'êtes-vous pas convenus, d'après *J.-J. Rousseau* et plusieurs autres, d'une autorité respectable, que les Grecs ne connaissaient pas l'Harmonie ? S'ils ne connaissaient pas l'Harmonie, ce n'est donc pas comme ensemble qu'ils considéraient la Quarte.

Ce que les Grecs appelaient Consonnances, c'était la première et la dernière Corde de chaque Tétracorde, parce qu'elles étaient stables et ne variaient pas dans leur intonation. Par la même raison, les Tierces étaient des Dissonnances, parce qu'elles variaient, étant tantôt majeures et tantôt mineures.

La grande Question, de savoir si les Grecs ont connu ce que nous appelons l'HARMONIE, est décidée, par cela seul que chez eux la Quarte était une Consonnance parfaite, et la Tierce une Dissonnance; car une telle doctrine ne peut câdrer qu'avec une Musique purement *Mélodique*. Il n'y a que la Musique à l'Octave, que les Grecs décoraient du titre de Symphonie, qui soit d'accord avec cette théorie; ils nommaient aussi Homophonie leur Musique à plusieurs voix ou instrumens chantant ou jouant à l'unisson: *Homo*, semblable; *phonie*, son. L'Antiphonie était la Musique pour des voix ou des instrumens exécutant à l'Octave: *Anti*, opposé; *phonie*, son, Sons opposés, pris dans le sens que les Sons graves sont opposés aux Sons aigus. *Anti* ne signifie donc pas ici *contraire à*, mais seulement différent, comme du grand au petit.

En considérant les Consonnances sous le rapport de l'UNITÉ, c'est l'*Octave* qui est la première; car rien ne ressemble plus à un Son que son Octave. C'est le même portrait, mais rappetissé de moitié harmoniquement, c'est-à-dire, dans toutes ses parties; ensorte qu'un Son de quatre pieds a pour Octave un Son de deux pieds ; celui-ci un Son d'un pied; ce dernier, un Son d'un demi-pied. C'est toujours le même objet, mais vu sous un angle moins grand de moitié.

La Tierce est la seconde Consonnance, sous le rapport de l'Unité.

La troisième est la Sixte.

La Consonnance qui a le moins de Variété, c'est l'*Octave;* car, renversée, c'est l'unisson ou la même intonation.

La moins variée, après celle-ci, c'est la Tierce. Des trois Consonnances complètes, celle qui l'emporte pour la Variété, c'est la *Sixte.*

La Quinte a trop de *variété* et pas assez d'*unité;* elle pèche par excès et par défaut.

La Quarte a moins d'*unité* encore que la Quinte, et approche on ne peut davantage de la Dissonnance.

N. B. Il faut observer que c'est de l'Unité et de la Variété d'accord dont j'ai parlé jusqu'ici, dans cet article.

Le septième mineure n'a point d'*unité d'accord;* mais elle a de l'*Unité de Ton;* car si elle était entièrement privée de l'une et de l'autre, elle serait inadmissible en bonne Composition. Elle acquiert de l'unité d'accord, en y joignant la Tierce ou la Quinte de la Note fondamentale.

La septième mineure a toute l'*Unité d'accord et de Ton* dont elle est susceptible, quand elle est jointe, diatoniquement, à un Accord parfait majeur. Elle ne peut être ajoutée, *diatoniquement*, qu'à l'Accord parfait majeur de la Dominante. C'est pourquoi, de tous les Accords de Septièmes, celui-là est le plus agréable à l'oreille : c'est aussi celui dont l'usage est le plus fréquent et le plus étendu, celui dont la direction vers la Tonique est la plus marquée, et dont la destination la plus naturelle n'est jamais changée, sans que l'oreille n'en témoigne plus ou moins de surprise.

La Septième mineure, ajoutée à un Accord parfait mineur, forme un Accord qui a moins d'unité de Ton que celui de la Dominante.

Dans cet Accord, la Modulation y est moins prononcée, 1°. parce qu'il n'a point une tendance aussi marquée vers un second Accord; 2°. parce que cette tendance, fût-elle aussi marquée, le but vers lequel il pencherait, n'étant pas le grand but, n'étant pas la Tonique, il comporterait toujours moins d'*Unité*.

Il faut observer encore que la Tonique elle-même, n'est le grand but que dans les repos de Période ou de Phrase. Dans tout autre endroit, elle rentre dans la classe des simples particulières, et doit être traitée comme elles.

VOLUME DES PLANCHES.

COURS COMPLET
D'HARMONIE
ET DE COMPOSITION,

D'APRÈS une théorie nouvelle et générale de la Musique, basée sur des principes incontestables, puisés dans la nature, d'accord avec tous les bons ouvrages-pratiques anciens et modernes, et mis, par leur clarté, à la portée de tout le monde.

JÉRÔME-JOSEPH DE MOMIGNY.

Prix 24 Fr.

Gravé par Van-Ixem.

A PARIS,
Chez l'AUTEUR,
Au grand Magazin de Musique et d'Instrumens,
Boulevard et vis-à-vis la rue Montmartre, N°. 31.

Tous les Exemplaires sont signés de l'Auteur.

AN XI * 1803.

Fig. A. Exemple des trois Sons bien reconnus par *Rameau* pour être les seuls produits par la corde qui sonne l'UT le plus grave du Piano.

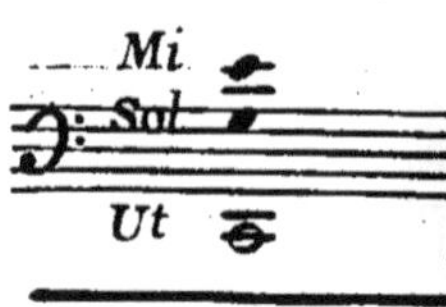

B. La Corde génératrice SOL, résonnant uniquement dans toute sa longueur.

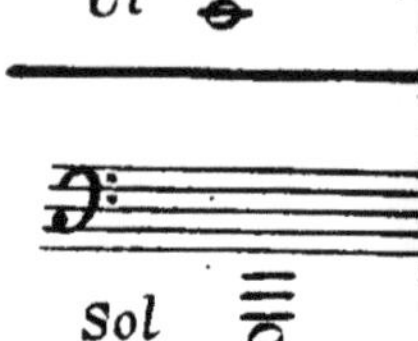

C. Résonnant dans toute sa longueur et dans ses deux moitiés séparément.

D. Résonnant dans toute sa longueur et séparém[t] dans ses deux moitiés et dans ses quatre cinquièmes, réunis par deux.

E. Résonnant dans toute sa longueur et séparém[t] dans ses 2 moitiés, dans ses 4 cinquièmes réunis par deux, et dans chacun de ses trois tiers.

F. Résonnant comme ci-dessus et, de plus, dans ses quatre quarts séparém[t]

G. Résonnant comme ci-dessus et, de plus, dans chacun de ses cinquièmes séparément.

H. Résonnant comme ci-dessus et, en outre, dans chacun de ses sixièmes.

I. Résonnant comme ci-contre et, de plus, dans chacun de ses septièmes.

K. Résonnant comme ci-dessus et dans chacun des huitièmes, de la longueur.

L.. Résonnant comme dans l'exemple K et, de plus, dans ses neuf neuvièmes, séparément.

M.. Résonnant comme ci-dessus et dans ses dix dixièmes, séparément.

Fig. N.o

N. Résonnant comme ci-devant et dans ses onze onzièmes, séparément.

O. Résonnant comme ci-dessus et dans chacun de ses douze douzièmes, séparément.

P. Résonnant comme ci-dessus et dans chacun de ses treizièmes, séparément.

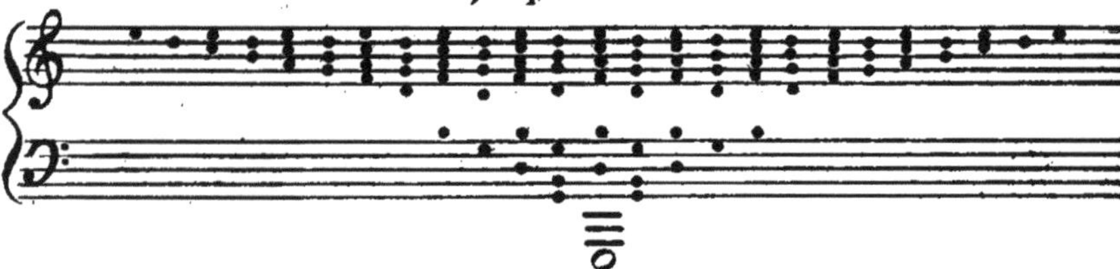

Q. Résonnant comme ci-dessus et dans chacun de ses quatorzièmes parties, séparément.

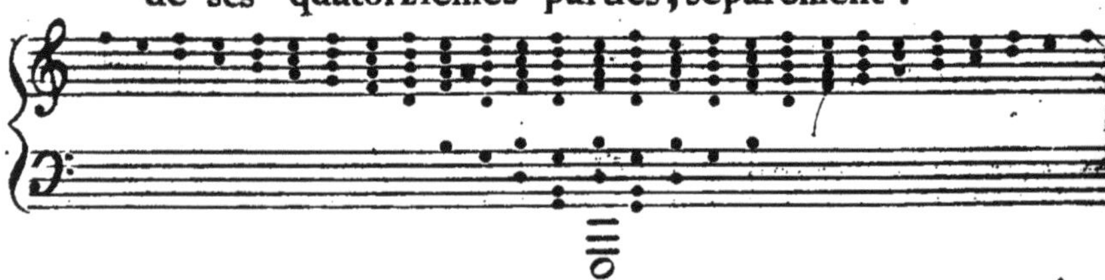

L'Exemple ci-dessus est le *VRAI TYPE* du *SYSTÊME* Musical dans le genre appellé Diatonique, parce qu'il procède

rocède, principalement, par intervalles d'un ton chacun, omme Sol La, La Si, Ut Ré, Ré Mi : *Si Ut* et *Mi Fa* ont deux *Semi-tons*, mais ces deux *Semi-tons* sont eux-êmes des intervalles Diatoniques.

R. TYPE du SYSTÊME MUSICAL considéré selon l'Harmonie, et abstraction faite des Unissons.

S. Le même TYPE, abstraction faite des Octaves.

T. TYPE Musical, selon la Mélodie.

U. GAMME des Grecs avec la Basse Fondamentale de RAMEAU.

Fig. V.

V. GAMME des Modernes
avec la Basse Fondamentale
de RAMEAU.

X. GAMME des Grecs

Y. Avec la note ajoutée,
appellée *PROSLAMBANOMÈNE*.

Z. GAMME de Gui,
avec la note sous ajoutée,
HYPOPROSLAMBANOMÈNE
qu'il a nommée *GAMMA* troisième lettre de l'Alphabet Grec Γ.

Fin de la Planche 1.ere

Fig. A. Les deux Tétracordes des Grecs, Conjoints par la note MI, qui finit le premier Tétracorde et commence le second.

Fig. B. SÉRIE de Tétracordes, où l'on présente chaque Ton comme ne renfermant que quatre notes.

Fig. C. GENRE DIATONIQUE

Considéré selon l'HARMONIE.	Considéré selon la MÉLODIE.

Dans tous les Tons et dans le Mode Majeur.

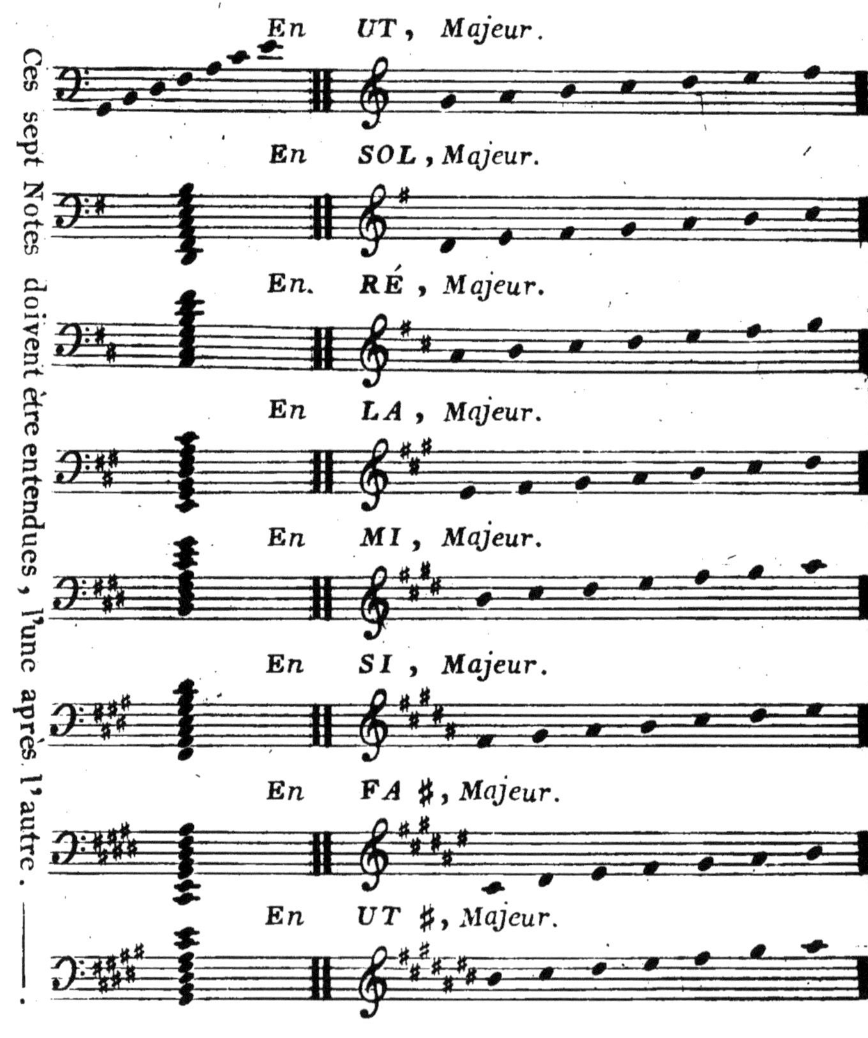

uite de la
Fig. C
Considéré selon
'HARMONIE.
Considéré selon la
MÉLODIE.
Dans tous les Tons et dans le Mode Majeur.
En FA, Majeur.
En SI ♭, Majeur.
En MI ♭, Majeur.
En LA ♭, Majeur.
En RÉ ♭, Majeur.
En SOL♭, Majeur.
En UT ♭, Majeur.

Fig. D

Fig. D. DÉNOMINATIONS des INTERVALLES.

(1) Quand on dit simplement la Quarte, ou la Quinte, c'est toujours de la Quarte ou de la Quinte juste que l'on parle.

Fig. E.

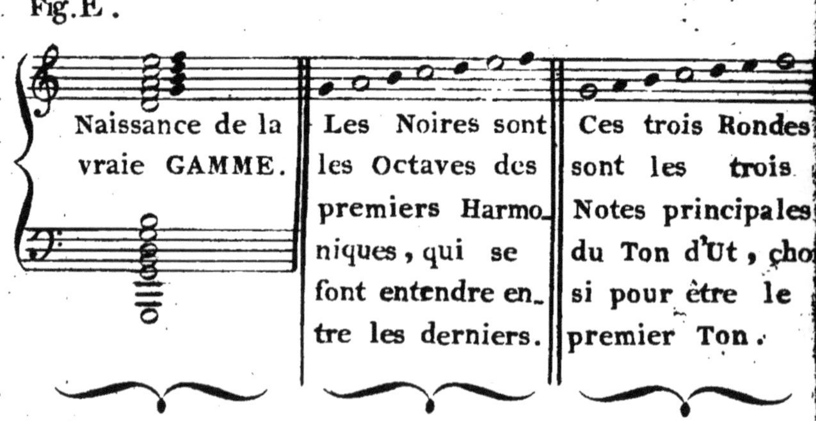

Fig. F

Fig. F.

Fig. G.

GAMME d'UT, en partant d'UT.

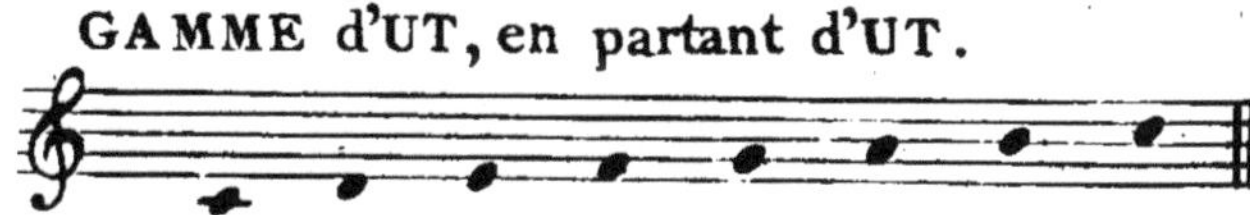

Idem, en partant de RÉ. Idem, en partant de MI.

Idem, en partant de FA. Idem, en partant de SOL.

Idem, en partant de LA. Idem, en partant de SI.

Fig. H.

Suite de la PLANCHE 2[e].

Fig. H.

MODES AUTHENTIQUES, ou Principaux.	MODES PLAGAUX, ou Secondaires.
 I. DORIEN.	I. HYPO-DORIEN. Sous—Dorien.
II. PHRYGIEN.	II. Sous-PHRYGIEN.
III. LYDIEN.	III. Sous-LYDIEN.
IV. MYSOLYDIEN.	IV. Sous-MYSOLYDIEN.
V. ÆOLIEN.	V. Sous-ÆOLIEN.

suite de la
Fig. H.

MODES AUTHENTIQUES, ou Principaux.

VI. IONIEN.

VII. HYPER- IONIEN
Sur- Ionien.

Le Septième Mode Authentique n'était point usité à cause de la Fausse Quinte *Si Fa*.

MODES PLAGAUX, ou Secondaires.

VI. Sous-IONIEN.

VII. Sous le Sur-IONIEN.

Le Septième Mode Plagaux n'était point usité à cause du Triton *Fa Si*.

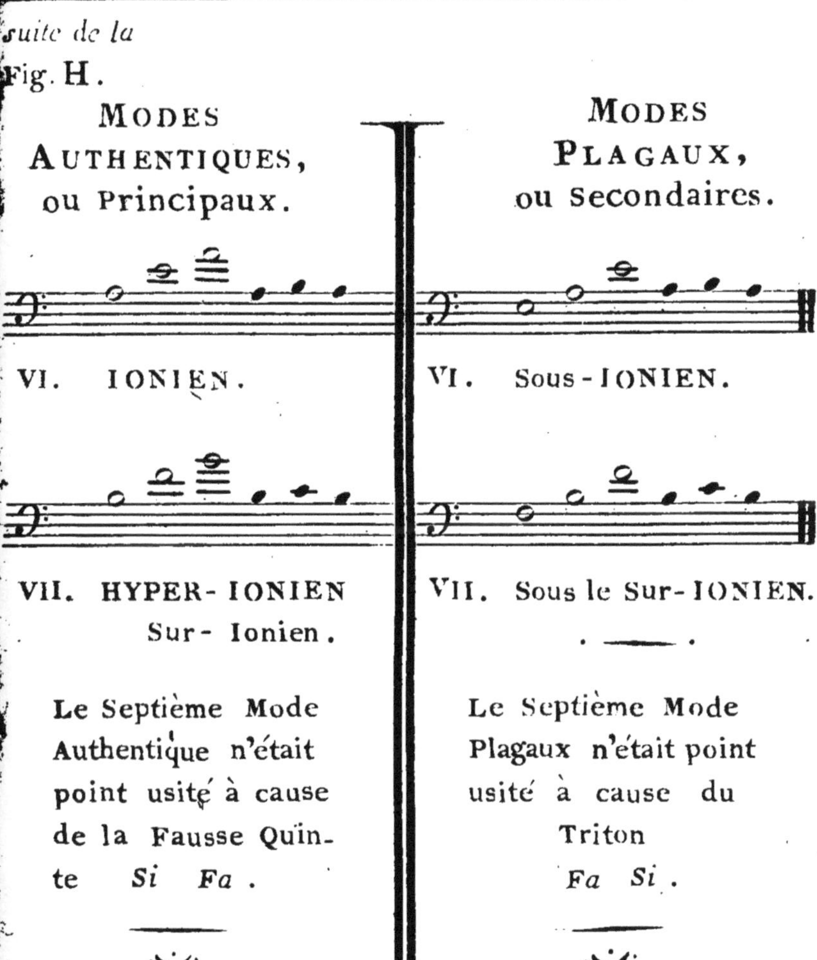

Fin de la PLANCHE 2e.

Planche 3e. ,,

La MÉLODIE marche élémentairement par Secondes.

A.

L'HARMONIE marche élémentairement par Tierces.

B.

Les OCTAVES ne sont pas des Notes différentes mais des Sons différens.

C.

Les Sept Notes du TON d'UT Majeur comparées à SO

D.

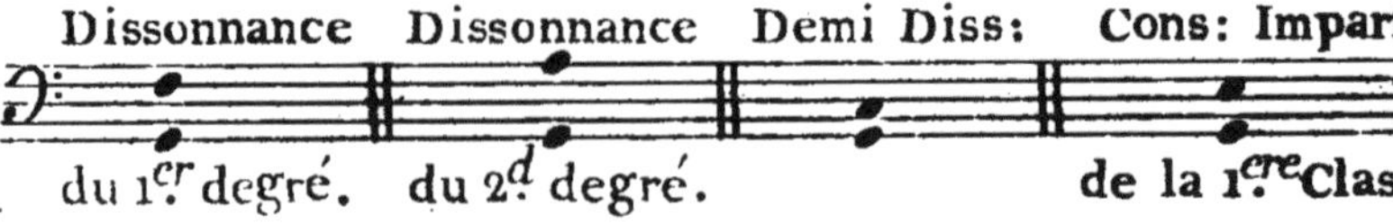

Les Sept Notes du TON d'UT Maj. comparées à Si.

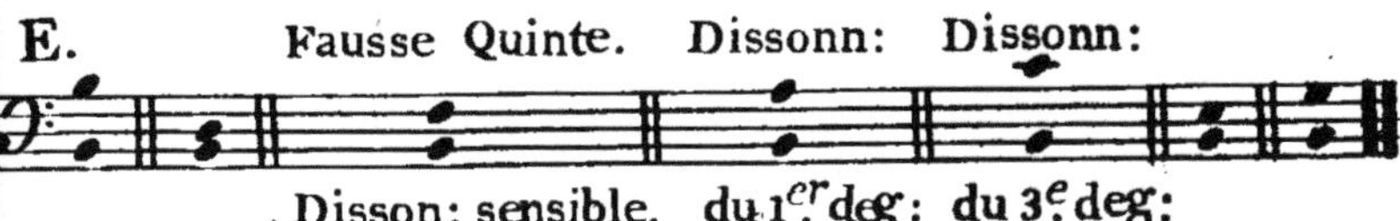

Les mêmes, comparées à Ré.

Les mêmes, comparées à Fa.

Les mêmes, comparées à La.

H.

Les mêmes, comparées à Ut.

I.

Les mêmes, comparées à Mi.

K.

Fig. L.

Fig. L.

TABLEAU des CONSONNANCES
dans le Genre Diatonique
et dans le TON d'UT, Mode Majeur.

Consonnances Parfaites.

Octaves.

Consonnances Imparfaites de la 1.ere Classe.

Tierces Majeures. *Sixtes Majeures.*

Consonnances Imparfaites de la 2.me Classe.

Tierces Mineures. *Sixtes Mineures.*

Demi - Consonnances.

Quintes Justes.

Fig. M.

Fig. M.

TABLEAU des DISSONNANCES.

Demi-Dissonnances.

Quartes Justes.

Dissonnance Sensible. Dissonnance Sensible.

Renversée.

Dissonn: du 1er degré. Dissonn: du 2me degré.

Septièmes Mineures *Neuvième Majeures*

Dissonn: du 3e degré. Dissonn: du 4e degré.

Neuvièmes Mineures. *Septièmes Majeures.*

7mes Min: et 9mes Maj: 7mes Maj: et 9mes Min:

Renversées et en Contact. *Renversées et en Contact.*

PLANCHEE 4e.

Fig. A. Fig. B. Fig. C.

Il y a dans chaque Ton sept Accords dont chacun est composé de deux Tierces.

Fig. D.

Fig. E. Accords Parfaits Majeurs.

Fig. F. Accords Parfaits Mineurs.

Fig. G. Accord Imparfait. Diatonique et Sensible.

Il y a sept Accords de Septièmes composés chacun de trois Tierces.

Fig. H.

Il y a pareillement sept Accords de Neuvièmes, composés de 4 Tierces.

Fig. I.

Fin de la Planche 4e.

PLANCHE 5e.

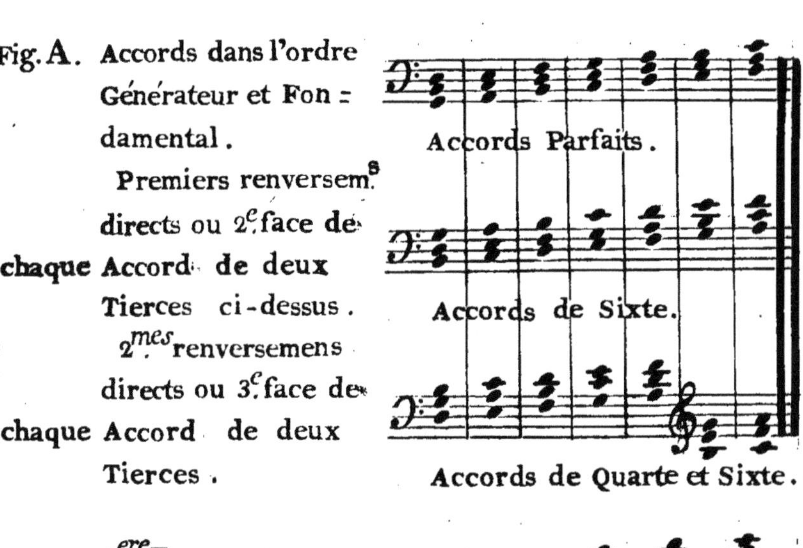

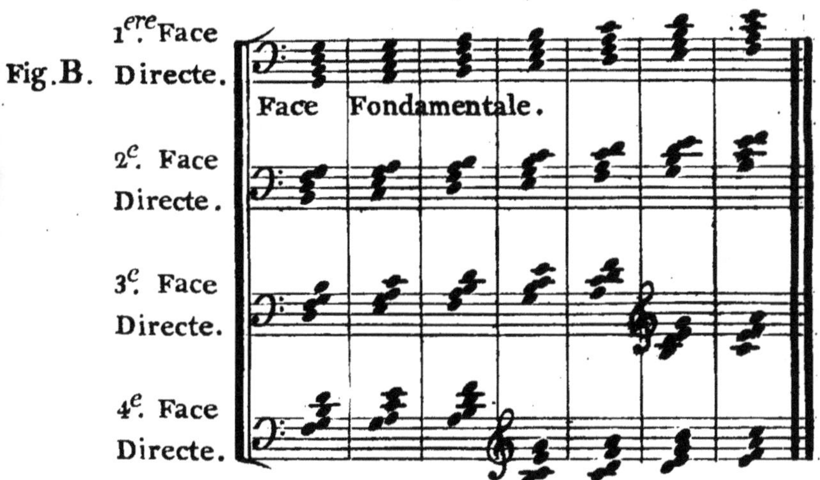

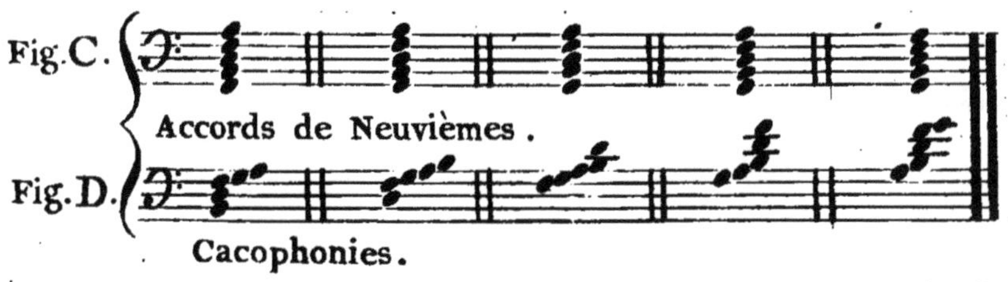

Fig. E.

Fig. E.

Dissonnance double du 1er. degré. — 2de.

Dissonnance simple du 1er. degré. — 7me.

Consonnance imparfaite de la 1re. Classe. — 3ce.

Consonnance imparfaite de la 2me. Classe. — 6te.

Demi - Dissonnance — 4te.

Demi - Consonnance — 5te.

Demi - Consonnance — 5te.

Demi - Dissonnance — 4te.

Consonnance imparfaite de la 1re. Classe. — 6te.

Consonnance imparfaite de la 2me. Classe.

Dissonnance simple du 1er. degré. — 7me.

Dissonnance double du 1er. degré. — 2de.

Consonnance Parfaite — Octave

Unissonnance. — Unisso

Dissonnance du 2me. degré. — 9me.

Dissonnance double et du 1er. degré. — 2de.

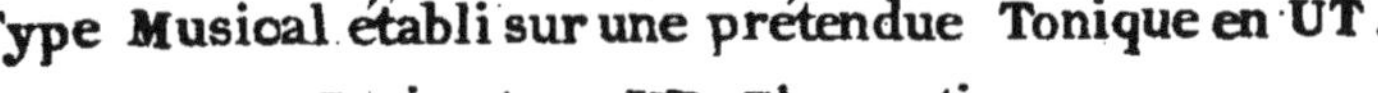
Type Musical établi sur une prétendue Tonique en UT.

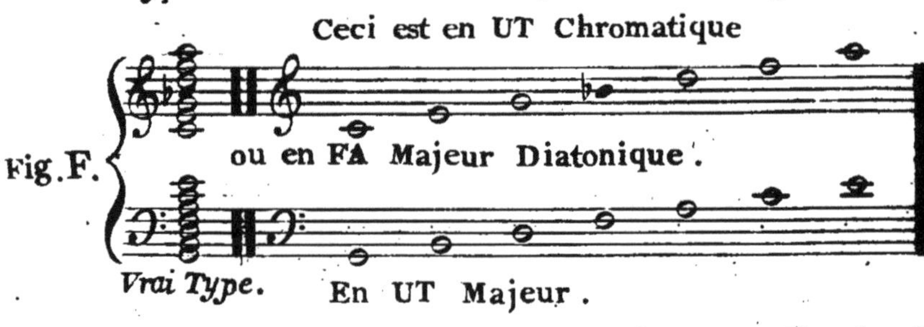

Planche 6

PLANCHE SIXIÈME.

CADENCES ou Propositions Musicales formées de deux Accords Consonnans.

CADENCES ou Propositions Musicales formées par un Accord Dissonnant et un Accord Consonnant.

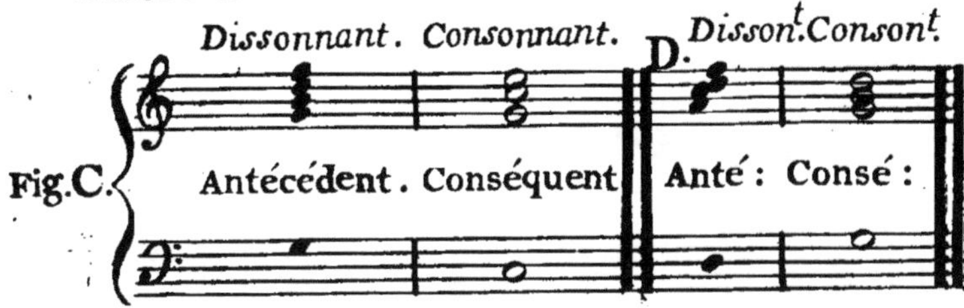

LES SEPT CADENCES en UT Majeur

Fig: F.

Suite de la PLANCHE 6e.

Planche septième.

Les Sept CADENCES renversées.
G
à la Seconde.
H
à la Tierce.
I Le Conséquent de chacune de ces Cadences n'est pas renversé
à la Quarte.
K L'Antécédent n'est point renversé.
à la Quinte.
L
à la Sixte.
M
à la Septième.

www.ingramcontent.com/pod-product-compliance
Ingram Content Group UK Ltd.
Pitfield, Milton Keynes, MK11 3LW, UK
UKHW020307180726
13839UKWH00001B/397

9 782329 582740